Insight

靡鸽書局 選書

硅谷启示录

［1］

惊世狂潮

甘本祓　著

科学普及出版社

·北 京·

这里讲述　一个小城的故事
　　　　　一个国家的故事
　　还有　一个州的故事
　　　　　一个人的故事

序言

汤寿根

甘本祓先生的新作《硅谷启示录》在科学普及出版社出版面世，发出了一个讯号：侨居美国 20 余年的科普作家甘本祓已重归"故里"—— 祖国的科普创作界，再度耕耘于神州科苑。

甘本祓是一位专家型科普作家。1937 年出生于四川成都，微波技术专家、教授、高级工程师。1959 年大学无线通信专业毕业后留校任教 20 年，1979 年调入电子工业部，曾先后担任微波通信处和卫星通信办公室负责人，后赴美国硅谷工作 20 余年。他热心科普事业，曾于 20 世纪 70、80 年代活跃于神州科苑，先后担任中国电子学会和中国计算机学会的普及委员会副主任；参加 1979 年第一届中国科普作协代表大会和 1984 年第二届中国科普作协代表大会主席团，并任工交科普委员会委员；同时兼任多种报刊和丛书的编委。那些年，他奋力笔耕，常常一年中推出多本图书、写出多篇佳文，其创作总量已超过 1000 万字，广受读者喜爱，并多次获奖。例如《生活在电波之中》获"电子科普优秀作品奖"、"少年百科丛书优秀读物奖"、"国家图书奖"；《今天的科学》获"少年百科丛书优秀读物奖"。他还擅长写作科学散文，如《茫茫宇宙觅知音》获"第二届全国优秀科普作品一等奖"，《谁是电波报春人》获"世界通信年全国通信优秀作品奖"等。

我和甘本祓结缘于 1980—1983 年，在这期间我在中国科普作协会刊《科普创作》杂志社任编辑部主任。我曾为他所写的散文《谁是电波报春人》《茫茫宇宙觅知音》中优美的文笔和诗人的情怀所感染。从此，我牢牢记住了"甘本祓"这个名字。一别 20 余年，不知音信，突然他运用娴熟的"信息"搜索技术，出现在我面前。知音重逢，其乐何如！一杯清茗，促膝长谈，说不尽的话题、叙不完的友情。由此，虽然中国与美国相隔半个地球之遥，若以"信息"为媒，仍能以夜当昼，"天涯若比邻"了。

旅居国外、封笔多年的他，对祖国科普界依然十分关心，创作热情未减。退休后，于 2009 年秋与神州科普界老友新知重聚，在我的邀约下不仅同意参加我们的"新视角科普系列丛书"编委会，而且与我商定了两个选题，《硅谷启示录》就是其中之一。

次年（2010 年），他重修其成名作《生活在电波之中》，增幅两倍多，收入"少儿科普名人名著书系"。我曾在《大众科技报》著文《咫尺天涯皆有缘》予以评述。

在 2012 年 10 月中国科普作家协会第六次代表大会上，作为特邀代表的他被授予"荣誉理事"称号，这一终身荣誉是神州科普界对他的赞赏和肯定。

今年（2014 年），除了这本《硅谷启示录》外，科学普及出版社已出版了他的《航母来了：从珍珠港到东京湾》（ 2014 年 1 月第 1 版第 1 次印刷，2014 年10 月第 1 版第 2 次印刷）；湖北科技出版社亦出版了他的《茫茫宇宙觅知音》

新版，收入"中国科普大奖典藏书系"（湖北科学技术出版社 2014 年 7 月第 1 版）。他一年中同时推出两本新著，重现当年锐意创作的风采，真是"烈士暮年，壮心不已"，实堪祝贺。

在本书中，甘本祓就是以他学者的锐敏、丰富的阅历、精湛的思辨、诗人的情怀和优美的文笔向读者讲述着一个个动人故事、传播着一则则科技知识。

甘本祓在美国硅谷的核心地区山景城生活和工作了 20 余年，了解硅谷的沿革，熟悉当地的情况，有许多切身的感受和思维的沉淀。他为什么要创作《硅谷启示录》并在祖国出版呢？让我们先来分析一下美国产生"硅谷"的时代背景。

1980 年，托夫勒的名著《第三次浪潮》指出，人类已经经历了两次巨大变革的浪潮：第一次浪潮是历时数千年的农业文明；第二次浪潮是工业文明的兴起，迄今已有 200 多年；现在人类正面临着第三次浪潮的冲击，以微电子学、生物学、空间科学、海洋学、信息论、控制论等为基础发展起来的新工业群 —— 信息电子工业、生物技术工业、宇航工业、海洋工业等，将取代传统的工业 —— 钢铁、石油、汽车、铁路等的地位。新的技术革命将为未来社会带来三大特征：知识化、信息化、分散化。知识和信息将成为决定生产力、竞争力，以及经济增长速度的关键因素，将成为最重要的"工业"；而社会生产方式和生活方式将趋向于分散，人们可以在家里通过网络终端，从事生产、设计、办公和接受教育等。以微电子技术为主导的新技术已经或将要取得历史性的重大突破，引起社会、经济和生活的巨大变化。

硅谷是随着 20 世纪 60 年代中期以来，微电子技术高速发展而逐步形成的，其特点是以附近一些具有雄厚科研力量的美国一流大学，如斯坦福大学、加州大学伯克利分校等世界知名大学为依托，以高技术的中小公司群为基础，并拥有英特尔、惠普、苹果等引领世界潮流的大公司，融科学、技术、生产为一体的高新科技园区。优越的自然条件、充裕的创投资金、高速的信息流通和健康的竞争环境使得硅谷成为创业者的摇篮，并形成了"允许失败的创新，崇尚竞争，平等开放"的硅谷精神。硅谷客观上已成为美国乃至世界高新技术的象征。

现代中国正在经历着从"工业文明"到"生态文明"的变革。北京中关村已成为"第三次新技术革命"的"领头羊"。中关村是指由中国科学院及其毗邻的北京大学、清华大学环抱而成的一个地区。1980年，在这里办起了中国第一家IT公司。随后的发展使"中关村"变成了我国高科技行业、特别是IT行业的代名词。在这个地区，科学、教育、文化与高新技术产业交叉渗透；基础研究、应用研究、高新技术研究相互衔接；国际学术交流、商务往来以及经济合作日趋频繁。中关村具有发展知识经济的明显优势和巨大潜力，被誉为"中国的硅谷"。特别是融"研、产、商、学"于一体的中关村科技园区——"上地信息产业基地"。上地环岛里坐落着航天城、生命园、孵化器、创业苑，地区开阔、秩序井然，有着广阔的发展前景。

甘本祓身处异邦、心系华夏。"秀才不出门，尽知天下事"，在信息技术发达的今日，绝非难事。他关注着祖国改革开放以来天翻地覆的变化。他热爱祖国的今天，关注祖国的未来。我想，他所以要写《硅谷启示录》，正是为了让我们能够从硅谷的发展中有所借鉴。以人为鉴，可以明得失；以史为鉴，可以明真伪；以事为鉴，可以明优劣。

"科学与文学相结合"是甘本祓的科普创作观。他是"用文学艺术的心与笔来解读科学"的，目的是为了传播智慧。

"知识"不等于"智慧"，智慧的含义有人文的因素。新世纪的科学普及不仅仅是传播知识，更重要的是传播"智慧"；不但要告诉人们怎样"做事"，而且要告诉人们"做人"的道理。智慧是驾驭科技知识的知识，是将现有的科技知识最大限度地转化为生产力的知识。智慧是学习、生产、运用、管理知识的能力。

甘本祓不仅在本书中，而且在他所有的科普作品里，都在普及科技知识的同时，告诉读者如何对待人生、世界，甚至宇宙。正因为这样，才让我于30多年前，对他的作品产生了深刻印象。

我曾把这种科普创作观归纳为一副对联"解读自然奥秘，探究人生真谛"。

《硅谷启示录》是一部青少年的励志科普读物。时下，青少年有崇拜偶像之举，然多为娱乐圈的"明星"，鲜见科技界之大师。诚然，人们在温饱之余，娱乐是幸福生活所不可或缺的，何况尚有"高雅"与"媚俗"之别。但是我想，泱泱中华，积千年沧桑、百年耻辱之教训，"中国梦"主要还是"科技强国"之梦。中华民族的复兴，早在百年之前仁人志士就倡导要依靠赛先生和德先生（科学与民主）。在《硅谷启示录》中，作者所演绎与诠释的正是"陶冶读者情趣，砥砺强国意志"。在这里，甘本被以硅谷的发源地山景城为依托，以晶体管发明人肖克利的成长为红线，用浓墨重彩、生动有趣的笔触描述了许多科学大师拼搏创新的成长过程和引领风骚的卓越贡献。

创新，就是要敢于挑战权威。书中在讲述了爱因斯坦埋头苦干、发愤图强的经历之后说道："爱因斯坦一生就是在挑战权威……在诺贝尔奖的历史上，不乏一人两次得奖的事例，但理应多次获奖的爱因斯坦，一生却只得了一次"补发的"诺贝尔奖，而且项目只是他的一个比较次要的贡献。这也许是诺贝尔奖的一个遗憾。但也说明这个被尊为'学术界最高奖'的诺贝尔奖也不见得就那么公平、正确，也用不着迷信。因为，奖总是要由人来评的，而人又总是有其局限性，评委也是凡人（有七情六欲）、不是'神仙'"。（说得太对了！不要迷信"奖"！您干您的，"实干兴邦"嘛！到时候不是您求着"奖"，而是"奖"求着您呢！呵呵！）

又如，鲜为人知的是，像莫尔斯这样的科学家，竟然在第二次世界大战中为美国的军事行动、特别是与新式装备或战略决策相关的秘密行动，立下了丰功伟绩。莫尔斯在国防事业的出色工作，不仅被写入美国的海军战史，而且在理论上多有建树，成为享誉国际的一代运筹学宗师。

亲爱的青少年读者！你准备怎样度过你的大学生活呢？这是人生中承前启后的关键阶段，对未来的憧憬、对事业的追求大都在这期间萌发、成长。这一切都将影响你的一生。那么，请你用心读一读本书、看一看肖克利的大学生活。在这里这位科学大师树立了自己的人生目标："年轻的肖克利下定决心：这辈子就去研究固体物理，研究带电粒子的行为，看它们能为人类建造什么样的丰功伟绩。"

你想当一个像他们那样的科学家吗？那么，请你用心读一读这部书，从中汲取营养，包括执着、奋进与耐心！

现在，让我们来赏析一下作者"优美的文笔，诗人的情怀"。

诗情画意　作者在《前奏》中写道：

不是大海，却掀起波澜；

不是大风，却卷起狂飙；

不是大山，却有高山的风骨；

不是大都，却引领世界的风骚。

这是哪里？

美国西部太平洋东岸的一座小城：山景城。

……

山景城没有山，山都在城外面。

山景城没有景，景都在海岸边。

山景城没有城，城就是几条街。

山景城有什么？有故事，

有许许多多的故事，

有很精彩的故事……

我常常想，山景城早就应该把邓丽君请来，用她那天籁之音在市府大厦的台阶上高唱："小城故事多，充满喜和乐。若是你到小城来，收获特别多。看似一幅画，听像一首歌……"

行云流水 作者在《小城故事》中，描写山景城景色的是"水"和"风"的咏唱：

一汪碧蓝的海水，穿过美国旧金山的地标——金门大桥，向南溢来。亲着岩石、吻着草地、追着海鸥、伴着帆影，终于在海岸线公园岸边停了下来；没有喧哗、没有焦躁，似乎怕惊动林间闲步的麋鹿，打扰蜂鸟和鲜花的私语，影响天鹅与鸳鸯的嬉戏……

只带来一丝丝清新的海风，从海岸线大道登陆，掠过成行的棕榈、高耸的红杉、盛开的玉兰、青翠的银杏，向右、向远处的圣塔克鲁兹山 (Santa Cruz Mountains) 和迪阿布洛山 (Mount Diablo) 低矮苍茫的山峦吹去。轻柔的海风抚摸的这片沃土，正是硅谷的核心地段——旧金山湾区南湾的山景城。一座人口不足十万、土地仅有三十多平方英里的、默默无闻而又曾经轰动世界的小城。

促膝谈心 作者运用优美的散文诗似的笔触，谈天说地、旁征博引，将山景城的故事娓娓道来；仿佛他就坐在你的对面，亲切、风趣地讲述着种种有关"硅谷"的奇闻轶事。

引人入胜 我们不能不为这样的文风所感染，而随着"风向"逐步进入了作者所解读的科学胜景。

1979 年 8 月，周培源先生在《科普创作》杂志上发表文章《迎接科普创作的春天》，文中指出，"质量好的作品必然是思想性、科学性和艺术性结合得最好的作品，使它能够起到提高觉悟、增长知识、开阔眼界、启发创造、促进生产的作用。要使我们的科普作品真正起到这种作用，就必须使科学与艺术很好地结合起来"。1983 年 9 月，《科普创作概论》（章道义、陶世龙、郭正谊主编，北京大学出版社）阐述了"科学性、思想性、艺术性"的意义，并进一步提出：科普创作的最高境界是"三性的完美与统一"。我曾于 1986 年 11 月在《科普创作的三要素及其统一》中讨论了科普创作的三个要素——科学性、思想性、艺术性的内涵和相互之间的关系，以及怎样才能达到科普创作的最高境界"三性的完美与统一"："这三性之中，科学性是关键，是统帅，其他两性可以从科学性中生发出来，是科学的属性。这就是三性的统一。如果我们在写作时，弘扬了科学精神（追求真理、崇尚事实、不畏艰险、开拓创新）、传播了科学思想，同时在写作技巧上又挖掘了科学内涵的趣味，用科学的美去感染读者，这就是三性的完美。"

甘本祓的科普创作堪称"三性完美与统一"的范例 甘本祓先生虽已年逾古稀，却仍勤于创作。祝愿他老而弥坚，福寿康宁！正是"书生老去雄图在，不信江湖有弃才"。

请允许我唱一首《好人一生平安》，作为本文之结束：

有过多少往事，仿佛就在昨天／有过多少朋友，仿佛还在身边／也曾心意沉沉，相逢是苦是甜／如今举杯祝愿，好人一生平安／谁能与我共醉，相知年年岁岁／咫尺天涯皆有缘，此情温暖人间！

2014 年 9 月 18 日

于北京平和斋

* 本文作者为著名科普作家、编辑家，中国科普作家协会原副理事长

目录

历史的一瞬　085

比起中国来，美国的历史是如此暂短，那是二十几倍之差。而与中国那些动不动就有上千年历史的城镇相比，山景城的历史就显得更短暂了。2012 年它才建市 110 周年，真是"弹指一挥间"。所以，要了解它的历史背景，我们还真得稍微说远一点。

惊世狂潮　107

五月的圣弗朗西斯科还寒乍暖，1848 年 5 月 12 日，布朗南春风满面地来到朴茨茅斯广场，一手拿着他捡来的一小瓶金子，一手挥舞着帽子，在迎风飘扬的美国国旗下，高声大喊："金子！金子！金子！"

沸腾的西部　157

采矿业带动了整个加州各行各业的共同发展，从而缩小了落后的西部与发达的东部的之间差距，这实质上就是一场资本主义经济的西进运动。同时，淘金潮所孕育的"美国梦"模式，也铸就了美国特别是西部的高风险、甚至带有浪漫色彩的创业精神，造就了一个繁荣的西部。而一个世纪后硅谷朝阳工业的发展，又把这一精神推到新的峰巅。

前奏

不是大海，却掀起波澜；

不是大风，却卷起狂飙；

不是大山，却有高山的风骨；

不是大都，却引领世界的风骚。

这是哪里？

美国西部太平洋岸边的一座小城：

山景城 (City of Mountain View)。

2009 年春天，在儿孙们为我庆贺了 72 岁生日之后，我和我的夫人余兴未了，离开住房，信步走去，不觉间登上了海岸线大道那座跨越 101 高速公路的立交桥。

举目望去，前面是 NASA（美国国家航空航天局）基地"一望无际"的"领地"；左边是 Google（美国谷歌公司）一片片繁华的"庄园"；右边是 Microsoft（美国微软公司）一幢幢湾区"飞地"的办公楼……

回过头来，透过棕榈、红杉、银杏和玉兰花树，扫过错落有致的公司大楼，顺着市府大厦的塔尖方向望去，是圣塔克鲁兹山顶飘浮着的淡蓝色云烟……

心情舒畅极了，我不由得发出一声感叹：

"多美啊，山景城！"

这时，我的夫人指着桥头那栋白色建筑与我对起话来：

· 坐落在山景城海岸线大道 1401 号的硅谷"电脑历史博物馆"
· 劝君留步山景城，看看这座博物馆。全球众多展馆中，IT 收藏它最全。
（来源：作者 2009 年春摄于当地）

"那是哪里？"

"硅谷的电脑历史博物馆。"

"为什么建在这里？"

"因为山景城有他们太多的怀念。"

"那你就写写山景城吧……"

是啊，山景城！光阴荏苒，我们在这里一住就是20年，人生有几个20年？！

我不能说我熟悉山景城的一草一木、一人一事。但是，20年来，道听途说、耳濡目染、挂一漏万，也总会有一些心得。更何况，信息革命的狂飙，在山景城刮得是那样猛烈，怎能不把这旧金山海湾的一汪春水，掀得巨浪滔天……

其实，这些年来，我一直在留意山景城的点点滴滴，收集它的奇闻轶事，倒

· 山景城没有山，山都在城外面
山景城是硅谷的一块标准小平原，除了在海岸边略有起伏外，全城中只有在公园里才有假山。山，都是在别的城市中。这是从山景城的主街卡斯楚街向南望去的景致。别看山好像很近，其实还隔着两座城市（库佩蒂诺和萨拉托加），开车还得一个来钟头才能到山边。（来源：作者摄于当地）

没有想过要用来写书，只是想填补一下将来的怀念。我发现：

　　　　山景城没有山，山都在城外面。

　　　　山景城没有景，景都在海岸边。

　　　　山景城没有城，城就是几条街。

　　　　山景城有什么？有故事，

　　　　　有许许多多的故事，

　　　　　有很精彩的故事……

　　我常常想，山景城早就应该把邓丽君请来，用她那天籁之音在市府大厦的台阶上高唱：

　　　　"小城故事多，充满喜和乐。

　　　　若是你到小城来，收获特别多。

　　　　看似一幅画，

　　　　听像一首歌……"

　　真的，我在这里已经住了 20 多年，却好像还没有住够。

　　为什么？

　　因为它有一股异样的吸引力，我有一丝莫名的眷恋……

　　也不仅仅是我。

　　有一天，山景城老人中心，来了一对老人，并不起眼，没有几个人与他们熟悉。

　　过了些日子，报上说，那个男的叫高锟，瑞典皇家科学院决定颁给他 2009 年度诺贝尔物理学奖。

　　这种事，在山景城，也不算新鲜。

　　半个世纪前，山景城的一个水果仓库前，来了一个中年人，他与房东商量：

想租这间库房，改建成一间实验室。

过了些日子，报上说，那个中年人叫肖克利，瑞典皇家科学院决定颁给他1956年度诺贝尔物理学奖。

又过了几年，山景城的一条林荫大道旁，有两个绅士在那里端详厂门前的招牌，评论它是否显眼。

次日，报上说，仙童公司的老板炒了自己公司的"鱿鱼"，新成立的公司取名"Intel"（英特尔公司）。

又过了几年，山景城的一家商店前，来了一个小伙子，身着T恤牛仔、足踏拖鞋、手捧一个木盒，对店主连比带划，意思是：这个"小玩意儿"定能赚钱。

过了些日子，报上说，那个小伙子叫乔布斯，他捧的是苹果电脑的第一代。

又过了几年，一个中年人带着一个小伙子，到山景城的卡斯楚街上租了一间小办公室。

过了些日子，报上说，他俩是一间名为"网景"的新公司的老板。正是他们推出了第一代网络浏览器，使互联网普及起来。

又过了几年，山景城的101高速公路边，来了一个西装革履的人，对身边的几个同伴下达指示。大意是，就选这片空地吧，交通方便，离"网景公司"的总部也不远，我们也搞个网络浏览器，让大家看看。

次日，报上说，比尔·盖茨已经决定：要在山景城搞基建。

又过了几年，山景城的海岸线公园旁，来了两个文质彬彬的学者，对着两条路中间的一大片楼房议论。意思是，我们把它买下来，再把它改建。

过了几天，报上说，Google（谷歌公司）已经把它的全球总部定在了山景城。

……

你看，山景城的故事多不多？

2009年9月，我回国参观国庆六十周年盛典期间，在北京与老友汤寿根欢聚。

我向老大哥提及打算写这部书之事。作为编辑家，他语重心长地说：

"围绕硅谷的书刊报道已有很多，不乏经典名著。你打算从什么角度写？"

"从我观察的角度、从一个几十年来一直关心信息技术发展的人的角度、从一个久居硅谷的居民的角度或者说从一个旅居美国的中国人的角度，去写一些与硅谷有关的科普随笔。"

"是的，就是要从不同的角度、新的角度，去看、去介绍、去分析、去写。我们正在编辑一套《新视角科普系列丛书》，特邀你为编委，也希望你能参考这套丛书的宗旨来写你的书。"

"谢谢！我将尽力而为。"

所以，我在这里首先要感谢原中国科普作家协会副理事长、著名的科普作家、老编辑家汤寿根先生，感谢他的诸多指点。

同时，我要感谢科学普及出版社原社长苏青先生、总编辑吕建华先生和原总编辑颜实先生对本书的垂青；感谢该社社长助理、本书的策划编辑杨虚杰女士，以及其他科学普及出版社的同仁们，正是他们的热心、耐心和细心，才使本书能光彩地呈现在读者面前。

还要感谢我书中提到的那些能人异士，是他们的精彩故事使本书找到了素材和依托。

更要感谢那些为能人异士写过书、发表过文章或者报道过他们事迹、在网上写过关于他们的博客或微博的人们，如果要把这些书刊文献都列出来，恐怕本书的篇幅得翻上一番。

这里，我还要特别感谢山景城历史学家肯森姐妹（Bobby & Betty Kinchen），正是这对年逾90高龄的孪生姐妹，在山景城的丰富阅历和她们经管的、设在山景城图书馆的"山景城历史中心"（History Center，Mountain View Public Library）给我提供了丰富的资料和图片。

同时，也要特别感谢斯坦福大学档案馆、图书馆和博物馆以及我的"邻居"——硅谷"电脑历史博物馆"（Computer History Museum），正是这些宝山，才使我这并不高明的寻宝人，挖出了一些宝藏。

本来，从北京返美后，就打算动笔的。但因湖北少年儿童出版社要把我 30 多年前写的《生活在电波之中》一书，收入"少儿科普名人名著书系"，并希望我增写一些新的内容，于是就把本书暂时放下，去"救"那个急，为该书增写了续篇《电波的趣事奇闻》。这一拖就到了 2010 年 8 月才动笔。

常言道："十年磨一剑"。如果虚一点，算上岁月拾遗的那些年，我是 20 年才"磨"出了这部书。如果实一点，从开篇行文，到收篇定稿，也过去 4 年了。如今已是 2014 年，恰逢我结婚 53 年，所以请允许我将此书献给与我携手共度了半个世纪的、也是这 20 多年与我一起共同见证了硅谷景物的、我的夫人韩光茵教授，以及这些年来给了我无限欢乐和关怀的儿孙们。

甘本祓

2010 年 8 月 14 日开篇
2012 年 9 月 19 日初稿
2013 年 12 月 31 日二稿
2014 年 11 月 15 日定稿
于美国加州山景城寓所

惊世狂潮

硅谷启示录

　　一汪碧蓝的海水，穿过美国旧金山的地标——金门大桥，向南溢来。亲着岩石、吻着草地、追着海鸥、伴着帆影，终于在海岸线公园岸边停了下来；没有喧哗、没有焦躁，似乎怕惊动林间闲步的麋鹿、打扰蜂鸟和鲜花的私语，影响天鹅与鸳鸯的嬉戏……

　　只带来一丝丝清新的海风，从海岸线大道登陆，掠过成行的棕榈、高耸的红杉、盛开的玉兰、青翠的银杏，向右、向远处的圣塔克鲁兹山和迪阿布洛山低矮苍茫的山峦吹去。轻柔的海风抚摸的这片沃土，正是硅谷的核心地段——旧金山湾区南湾的山景城。一座人口不足 10 万、土地仅有 30 多平方英里的、默默无闻而又曾经轰动世界的小城。

· 荡涤心扉

宽广而宁静的山景城海岸线公园，离我家大约十几分钟车程。我们常来此漫步，以便让我们走进大自然中，让大自然走进我们心中……（来源：作者摄于当地）

· 凝神远眺

轻柔的海风掠过海岸线大道的桥面，向远处的圣塔克鲁兹山低矮苍茫的山峦吹去，消失在淡淡的云烟之中……（来源：作者摄于当地）

先来看看网上是怎么说的。打开搜索网站，输入"山景城"一词，按一下搜索键，点击"百度百科"词条，出现如下一段文字：

山景城也称芒廷维尤（Mountain View），是位于美国加利福尼亚州圣塔克拉拉县（Santa Clara County）的城市，面积 31.788 平方千米，与附近的帕洛阿托市（Palo Alto City）、森尼韦尔市（Sunnyvale City）和圣何塞市（San Jose）组成了硅谷的最主要地区。Google 公司总部、Mozilla 基金/Mozilla 公司、微软的 MSN/Hotmail/Xbox/MSNTV 部门、Silicon Graphics 和美国国家航空航天局埃姆斯研究中心等许多著名机构都位于该市。山景城还是美国第一座完全覆盖免费无线网络的城市。

这段介绍相当简洁。当然我们不能苛求它详尽而全面，但它的确也说出了一些要点，更在最后突出了山景城作为"完全覆盖免费无线网络"的北美第一城的特点。

这个特点，在无线网络已经相当普及的今天，也许听起来比较平淡。但如果回想一下在无线上网初露苗头的年代，在每个电脑都拖着网线、每人上网都按时交钱的年代，能在整个城市实现免费无线宽带上网，对于关心科技进步和社会发展的人们，对于喜欢上网、或者不喜欢上网却关心上网的人们来说，即使这事不发生在身边，也应是天边出现的一道美丽的曙光。

的确如此。当年，山景城的这个"喜讯"见报之时，即使是在网络发源地的美国，也曾带来不小的震撼，也真的引起了媒体和业界的一番热议以及硅谷其他城市的些许忌羡。

山景城成了免费无线宽带上网的"北美第一城"，能有如此光环，看似突然，却非偶然，甚至应当说是理所当然。

为什么？

往远处说，有它的历史背景。因为它本来就是信息技术的摇篮。本书就是要告诉你：山景城是怎样与信息技术结下不解之缘，它的现状和历史，它的趣闻和发展。

从近处讲，有它的现实必然。网络巨头 Google 把它的全球总部设在山景城，既然大量的书报都在议论它要"用网络来改造我们的星球"，难道不应该从眼皮底下开始？何况它自己的雇员要用，它的一个个办公园区也要用，又何不大方一点对其全球总部所在城市作一点"回馈"呢？同时，Google 也在它的网站上"慎重"宣布：它想用山景城这个 Wi-Fi 网络作为它的一个"测试平台"，以便作为向其他城市推广的借鉴。这也就道出了"一举两得"的玄机。

如今，谁都知道，Google 的中文大名叫"谷歌"。但当初，在中国网站上，网友们都习惯叫它"古狗"或"狗狗"。其实美国人是喜欢狗、并以狗为友的，就连美国总统的"第一家庭"也都要养一只"美国第一狗"。

克林顿家养的"美国第一狗"名叫"巴迪"（Buddy）；布什家养的"美国第一狗"名叫"巴尼"（Barney）。奥巴马一上台，也于 2009 年 4 月 12 日"慎重宣布"：他家养的"美国第一狗"名叫"波"（Bo），是一只特种的"卷毛葡萄牙水犬"，据说它的毛不易引起过敏。这只狗是他的密友、也是最有力的支持者肯尼迪送的。（注意：不是那个当过总统、又被暗杀了的约翰·肯尼迪，而是他的弟弟、当参议员的爱德华·肯尼迪。不过，他也没有来得及看到奥巴马执政的"光辉业绩"，就在送狗之后不久的 2009 年 8 月 25 日，也与世长辞了。）

因此，中国网友们称"Google"为"古狗"或"狗狗"并无贬义。不过 Google 公司好像并不欣赏。2006 年 4 月 12 日 Google 的行政总裁埃里克·施密特在北京专门举行了隆重的仪式，宣布公司全球注册的正式中文名称定为"谷歌"（真是"无巧不成书"，3 年后奥巴马选了同一天）。

Google 的中国公司把"谷歌"解释为"播种与期待之歌，亦是收获与欢愉之歌"，并称"是经中国公司的全体员工投票选出"。

遗憾的是，谷歌在中国的"收获"似乎并不太多，而"期待"又好像高了一点，所以过得也不那么"欢愉"。在进入中国 4 年之后，于 2010 年 3 月 23 日退出了在中国内地的网络服务。

好了，不扯远了，还是书归正传，谈谈 Google 对山景城的回馈。据说，它为这项"义举"，投入了不少人力、钱财。整个网由 Google 的工程师负责设计，由 WFI 公司负责搭建。从 2004 年开始酝酿，经过两年多紧锣密鼓的建设和宣传，终于在 2006 年 8 月 17 日正式开通。

该网名称为"Google Wi-Fi for MountainView"，中文可叫"山景城谷歌无线宽带网"或"山景城谷歌 Wi-Fi 网"（在下文中我们简称为"山景城网"）。关于它的详细情况，Google 专门设了一个网站来介绍，网址是：

http://wifi.google.com

在山景城的官方网站中也有提及，该网址是：

http://www.mountainview.gov

有兴趣了解细节的读者，可以上网查阅。为了节省篇幅，我在此只是结合我的体验简要介绍一下。

据称，Google 打算在山景城的 380~400 个地点，安装无线网络设备（后来又陆续有所增加）。谷歌公司把它们统称为无线网络"节点"（Node），这些节点通常都是安装在马路边的路灯灯柱上。

·山景城网的无线网络节点
这是我家附近的节点。(来源:作者摄于当地)

每个节点辐射的无线电波一般可覆盖半径为一二百米的范围。于是,在此范围内的、有与之匹配的无线网卡的电脑等设备,就可通过该节点接入互联网了。所以,技术上又常把这些节点称为无线网络"接入点"。

Google 本身并不生产这些设备,山景城网的这些无线网络节点所需的设备,大部分是由 TroposNetwork 公司提供。另外有六分之一是由 Alvarion 公司提供,它是在前者的基础上增加了一些功能,技术上又把这种节点称为无线"网关"。

几百个无线网络节点所辐射的无线电波所覆盖的区域,彼此衔接起来,就构成了一个覆盖山景城全市的"无线电大网",从而保证了在山景城的绝大部分户外地区都可免费无线上网(也有个别地方由于某种原因而绕过了)。右面就是一幅山景城网的"节点"分布示意图。

就这样,由于 Google 的"慷慨"和各方(例如市政府、电信公司 AT&T 和电力公司 PG&E 等)的配合,山景城网诞生了,而山景城也就戴上了全美第一个免费无线宽带上网城市的"桂冠"。于是,第一个正式的"无线城市"的雏形,在北美的地平线上冉冉升起。

但是在室内,由于建筑物阻挡,则信号较弱,直接上网常有一定困难。唯一的例外是,Google 专为山景城图书馆安装了室内的无线网络接入点,保证在图书馆的任何地方都能顺利上网。

对于其他也想在室内利用山景城网的人,据谷歌公司在网上宣称,如果你家附近的信号真的不够强,可以给他们的山景城网运营团队发电邮,电邮地址是:

·山景城网的节点分布示意图（来源：Google 的网站）

mvwifi-support@google.com

他们会考虑是不是再给你家房区安装一个节点。这当然是个好办法，但是好像谷歌公司并不"提倡"。因为在它的网站上大力宣传的是另一个"建议"，那就是：

Google 建议想在室内利用山景城网的用户购买专门的、与山景城网的无线网络节点相匹配的"Wi-Fi 无线调制解调器"，作为增强其户外节点信号的设备，用它再与室内的电脑或其他需要上网的设备相连。下图是谷歌公司在网上给出的这种布局示意图。

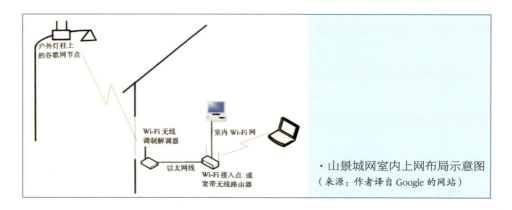

户外灯柱上
的谷歌网节点

Wi-Fi 无线
调制解调器

室内 Wi-Fi 网

以太网线

Wi-Fi 接入点 或
宽带无线路由器

·山景城网室内上网布局示意图
（来源：作者译自 Google 的网站）

由图可见，山景城网户外灯柱上的节点，把信号传给 Wi-Fi 无线调制解调器，后者一方面把山景城网来的无线信号增强，另一方面又把信号转换为有线信号，然后就可以把它接到家用路由器、笔记本电脑或其他上网设备上了，这点与一般家中传统互联网（DSL 或 Cable）的上网方法类似。至于室内是用无线还是有线连接，那就任凭尊便了。

谷歌公司推荐了两种 Wi-Fi 无线调制解调器：一种是优科无线公司（Ruckus Wireless）的 MediaFlex2200 系列；另一种是 Pepwave 公司的 Surf 系列。

我买了一个前者，下页图 A 是它的照片，我又把它接到一个无线路由器上（这是为了能方便覆盖我的整个"地盘"，我买的是当时"Fry's"电子超市正在推销的 Airlink 公司的产品，参看图 B）。然后我把它们都固定在一个旧的落地灯柱顶端，如图 C 所示，再把它放在室内一个接收谷歌网节点信号较好的地点。这样，一个利用山景城网上网的家庭网络就算"大功告成"了。下面就是我当年自己架设的、不怎么先进的"古董"节点的相片，放在书上，作为山景城网开通的旁证，供人参看，留作纪念。

设备齐全后，要正式上网，还剩下两个问题：一个是在山景城网上注册一个账号；另一个是网络安全问题。

第一个问题比较简单，与一般网站上"注册"差不多。为此，当年谷歌公司专门对外开了一个试用电子邮箱，叫"Gmail"（后来谷歌公司就把它推广到所有 Google 网站，成为当今主流电子邮箱之一）。它建议用户创建一个电子邮箱地址，并用它作为"户名"。与其他电邮地址类似，Gmail 地址的前半截自定（当然也要经过它"查重"，看看是否已被人占用），后半截大家一样，都是用"@gmail.com"。最后再设定一个密码（Google 建议至少要用 8 个字符）。

第二个问题也不太复杂。

山景城网与公用互联网间信号传输的安全问题，由山景城网运营者解决，用户操不了心，也就不用操心。

要操心的是，从用户的电脑（或者 Wi-Fi 无线调制解调器）到山景城网节点的这一段无线信号的传输安全问题。这部分，谷歌公司也提出了两个方案，让用户任选其一。

一个方案叫"GoogleWiFiSecure"，中文可叫做"谷歌网保安"，它是针对那些使用已通过 Wi-Fi 安全接入认证的上网设备的用户（关于 Wi-Fi 认证问题下节会介绍）；另一个方案则相反，是针对那些使用未通过 Wi-Fi 安全接入认证的上网

A. Ruckus 公司的无线调制解调器

B. Airlink 公司的无线路由器

一个"古董"谷歌网节点
（来源：作者自拍）

C. 组合后的室内节点

设备的用户，这个方案名为"Google Secure Access"（简称GSA），中文可叫"谷歌安全接入"。二者相比前者更安全。两个方案的具体操作方法，山景城网的网上"帮助中心"都作了说明。按照它"教"的步骤完成之后，就可保证一定的（当然不是绝对的）信息安全了。至此，诸事齐备，就等上网"享受"了。

据Google的网站上透露，它与山景城市政府订了合同，初步运营计划是5年，5年后如果双方同意还可延长。如今5年已过，还是一切如常，看来Google是坚持干下来了。按说，也应该会坚持下来，除非它在这里的"领地"已经消失，或者除非它不想再"测试"下去。你说呢？不过，平心而论，在美国经济欲振乏力的今天，它能把这个网坚持下来，对山景城的居民而言，的确是件令人称赞的好事。但是，在网络技术飞速发展的今天，它又未对这个山景城网在人、财、物以及技术方面再下多少工夫，让它更上一层楼，确也不能不说是件令人遗憾的事。

好了，山景城网我们就介绍到此。最后，值得提醒的是，千万别误认为只是由于山景城网才使山景城得了个"第一"的名声。不信的话，先看几个例子：就以 IT（信息技术）来说吧，我们一开始就提到的电脑历史博物馆，就拥有全球第一多的 IT 博物原件；硅谷的第一家晶体管企业是在山景城创办；硅谷第一只晶体管、第一片集成电路、第一个微处理器……都是在山景城问世；第一批集成电路、第一批苹果电脑也是在山景城卖出；甚至硅谷第一批微电子产业的技术骨干、硅谷第一批靠半导体发财的百万富翁也是在山景城诞生；还有，"网景"和"微软"的第一代网络浏览器是从山景城推向世界的；而"谷歌"又第一个用它的网络搜索引擎把全世界最多的信息汇集到山景城；就连"硅谷"这个名字，也是首先从山景城叫响，然后才传播开去……

那么，这个满戴"第一"的山景城到底"长得"什么样子呢？下面就来做个简单介绍。

素描山景城

我"画"了一幅山景城的"肖像",先让我们来端详一下。

山景城,美国加利福尼亚州圣塔克拉拉县（Santa Clara County, California, USA）所属小市,英文全称为"City of Mountain View"。面积仅 31.788 平方千米,居民不足 10 万（据 2010 年美国十年一度的正式人口普查统计,常住人

·素描山景城

为了今后阅读方便,特将市内的主要纵横干道加粗标出,虚线为其城区范围。

（来源：作者绘制）

·山景城市府大厦中的市徽图案

图中外圈文字为山景城全名：加利福尼亚州，圣塔克拉拉县，山景城；内圈注明：1902 年 11 月 7 日建市。（来源：作者摄于当地）

口为 74066 人。但在白天，据市政府公布的资料，加上流动人口，其总数平均都在 10 万以上，即约占四分之一的人口是来山景城上班的，来此闲逛或探亲访友的人并不多）1902 年 11 月 7 日建市，到 2012 年正好 110 周年。

山景城，位于旧金山湾区两个大城市之间，距北端的旧金山市（San Francisco）东南 35 英里，距南端的圣何塞市（San Jose）西北 10 英里。东临帕洛阿托市（Palo Alto）、西靠森尼韦尔市（Sunnyvale）、南接洛斯阿托斯市（Los Altos）、北傍旧金山湾（San Francisco Bay）。随旧金山湾顺势而下，不是正南、正北。距名校斯坦福大学 6 英里。（注：1 英里 =1.61 千米）

山景城，无大风、无大雨，不涝、不旱，阳光明媚、四季如春。平均说来，冷也冷不到 0 度（摄氏），热也热不到 30 度（摄氏），是典型的"地中海型气候"。山景城地处硅谷核心，规模不大，其貌不扬。掐指算来，大路只有四纵、六横，大街小巷加起来不过 200 来条，楼矮树高、人少花茂，市内有大小公园 34 个，

·海岸线公园中帆影映湖波（来源：作者摄于山景城海岸线公园湖畔）

平均不到 1 平方千米就有 1 个。但它却集传统与时尚、古老与现代于一身，既是美国高科技的重镇，又是世界多元文化的缩影。

【链接："County"，是美国界于市（City）和州（State）之间的一级行政建制，相当于中国旧制的县、市以上设专员公署的"地区"，也有人将其译为"郡"，但当地华人和中文媒体均称其为"县"。所以，这点好像和中国的叫法相反：中国是"市"管"县"，而美国是"县"管"市"。比如小到山景城（它其实只能与中国的小镇相比），大到圣何塞市（它已是全美第十、加州第三大城市）都归圣塔克拉拉县管；而举世闻名的旧金山则是一个市、县两级合一的城市，所以它的正规英文全名是 City and County of San Francisco】

让我们跟随从海岸线公园登陆的风儿向市中心掠去，翻过水鸟栖息的湿地，越过松影点缀的草坪，迎面是海岸线公园湖中乘浪搏击的帆板，对岸是高尔夫球场上的车和人……

驱车沿公园小路蜿蜒而行，一出公园大门，就看见一对耀眼的红尖圆顶帐篷，衬托着蓝天白云。这正是山景城地标之一的、全球闻名的海岸线圆形剧场（Shoreline Amphitheatre）。音乐爱好者对这个剧场一定不陌生，每年有超过山景城人口十几倍的乐迷涌进这里，麦当娜、杰克逊等众多国际巨星都曾在此登台。它被誉为"全美最佳大型户外剧场"，《华尔街日报》称它为"圆形剧场的凯迪拉克"。

· 海岸线公园高尔夫球场一角（来源：作者摄于当地）

【链接：凯迪拉克（Cadillac）是美国通用汽车公司生产的一款豪华汽车，是政府首脑、商界大亨、演艺巨星等喜用的坐骑。例如近代美国总统里根、克林顿、小布什、奥巴马都选凯迪拉克为总统专车，而其加长车型又多被各国选来做礼宾用车。因此，"凯迪拉克"成为豪华与高品质的同义词】。

该剧场于 1986 年建成。其圆顶是由玻璃纤维帐篷制成，在当时是同类型帐篷中的世界之最。它遮蔽着其下的 6500 个座位，加上外围的露天座位，每场表演平均可容纳两 25000 名观众。据统计在全美同类剧场中，它每年的观众人数也是名列第一。

顺着海岸线大道往前走，你会看到宽广的街道上渺无人迹，只有鸽子在林间闲步、松鼠在草坪上追逐、黄雀在树梢穿梭……偶尔有一两辆轿车或联邦快递邮车闪过你身旁，吸引着你的视线，拐进林荫，停在鲜花和喷泉相伴的楼旁。这时，你才发现：原来停车场上早已密密麻麻地停满了五颜六色的轿车。一座座蓝色的、黄色的、灰色的、银色的精美楼房，远离大道，躲在高过它们的树林、围着它们的鲜花和草坪之中。没有围墙，没有院门，只有一块精致的牌子，书写着一个个高技术公司的名字。

这些名字随着年代不停地变换。但是，不管是搬走的还是留下的，世人也都不陌生。例如，微软（Microsoft），惠普（HP），硅图（Silicon Geaphics），网景（Netscape），升阳（Sun Microsystems），谷歌（Google）……

说起谷歌，也算山景城的一个异数。退回去十几年华尔街还不知道它是何方神圣，可是如今它在山景城拥有最多的"庄园"。它的总部就在对面，与海岸线圆形剧场唱对台戏，只不过上台的不是让粉丝疯狂的天王天后，而是让网友着迷的云端大师。这个总部的名字，叫做"谷歌普勒克斯"（Googleplex），听起来怪怪的，好像是哪个不出名的古希腊神下凡了。

当然，也有些名不见经传的小公司、新企业，可是谁又能断定它们之中不会

· 林木环抱的海岸线圆形剧场（来源：作者摄于当地）

· 渺无人迹的海岸线大道（来源：作者摄于当地）

· 这就是"谷歌普勒克斯"（来源：作者摄于当地）

升起明日之星？曾几何时，前面那些名字不也是在科技公司的大海中浮沉？这一点，有一处地方记载得最清楚，那就是坐落在海岸线大道与101高速公路立交口的山景城"电脑历史博物馆"。在这里，不仅陈列着全世界最多、最全的与电脑有关的展品，而且还常常举办精彩的专题展示和专业集会，为过去的回忆、未来的展望画上惊叹号！例如2007年12月16日在这里举办了"庆祝晶体管诞生60周年大会"，因为硅谷的第一枚晶体管就是在这里诞生。

博物馆门前四通八达，可以直接下到101高速公路。这条路不仅是硅谷的主干道，而且是纵贯加州南北的大动脉，从加州最北端的克瑞斯森特市（Crescent

· 从背面看电脑历史博物馆另有一番风韵（来源：作者摄于当地）

City）南下，穿过举世闻名的金门大桥，进入旧金山，然后继续南行经过旧金山湾区西湾的主要城市，来到硅谷，穿过硅谷的主要城市：帕洛阿托、山景城、森尼维尔、圣塔克拉拉、圣何塞，一直通向南加州的世界名城洛杉矶。

它还把旧金山湾区的两大机场旧金山国际机场（San Francisco International Airport，国际航空运输协会机场代码为 SFO）和圣何塞国际机场（Norman Y. Mineta San Jose International Airport，国际航空运输协会机场代码为 SJC）与硅谷各市连接起来，让硅谷通向世界。

这条路途经硅谷时，墙不高，林不茂，视线开阔，因此你可以尽情欣赏硅谷许多独特的建筑风貌。其中，你将会看到一个鹤立鸡群式的、非常巨大的圆拱形建筑，那是美国国家航空航天局（NASA）基地里的一个"机窝"（飞机的窝），也是山景城的地标之一。熟悉硅谷的人都知道：看到它，就表明山景城到了。

这个"机窝"，是20世纪30年代为美国海军的第一代巨型飞艇——"梅肯号飞艇"（USS Macon，充氦气，铝合金外壳，号称"飞行航母"，可以搭载5架F9C-2型"雀鹰"双翼战斗机从空中起飞）建造的飞艇库，名为"Hangar 1"。它约有10个足球场大，长1140英尺、宽308英尺、高211英尺。后来也曾用于存放小型飞艇和早期的飞机（例如F3）。（1英尺=30.48厘米）

博物馆的斜对面，一条小街穿过一片树林，通往一座影视中心。那里有多个小厅影院，与全美各地同步上映各类大片，是个热闹的地方，特别是周末和假日更是车水马龙。

与之相反，在博物馆背面不远，却有一条小溪——"史蒂文斯溪"。沿溪有供游人休闲散步的小道，名叫"史蒂文斯溪小径"（Stevens Creek Trail），曲径通幽，是个修身养性的好去处。你既可以站在溪边，深深地吸一口略带草味的水

· 景色如画

这是一进 NASA 基地正门看到的"机窝"的家。（来源：2013 年夏作者摄于当地）

A. 昔日雄姿（来源：山景城历史中心）

美国国家航空航天局基地中的巨无霸"机窝"

B. 今日风采

这是 2013 年维修时撤掉墙板、只剩框架的情景

（来源：作者摄于当地）

· 雾气蒙蒙的史蒂文斯溪（来源：作者摄于当地）

气，闭目遐思，也可以欣赏水鸟在溪中嬉戏。

看上去还以为它远离凡尘，其实它靠101公路的那个出口，就紧依偎在微软在硅谷的总部大院的旁边。从这里一拐出来，标着"Microsoft"（微软）的大楼已赫然在目了。

而当你从另一个出口出来，又走进了谷歌的一个大院。

不过，你也别以为这就是它们两家的"领地"，如果你有时间，还有的是公司和商店可转。当然，你还可以顺着它走进海岸线公园，去眺望旧金山湾的美景；更可以越过高架桥顺路前行，去一览山景城的迷人风光。

从博物馆越过立交桥，沿海岸线大道继续前行，你会越过另外两条纵贯山景城的干道：密德菲尔德路（Middlefield Road）和中央快车道（Central Expressway），进入山景城的中心区。最后抵达山景城的第四条纵贯线：国王

· 微软的大楼赫然在目（来源：作者摄于当地）

· 谷歌的新"领地"

这里曾经是网景公司的版图，微软公司就选在附近建址与它唱对台戏。如今这里是谷歌总部大院之外的另一个园区。（来源：作者摄于当地）

大道。

这条国王大道可是硅谷干道的"祖宗"，远在硅谷还不叫硅谷，只能叫"果谷"、甚至"荒谷"之时，它就有了。它的西班牙文的路名叫"El Camino Real"，中文的意思就是"国王大道"。

顾名思义，可见在"古"时它如何重要。其实，它那时也不过就是一条马车驿道而已，但却是联系当时的两大"重镇"——圣何塞和旧金山的交通命脉。延续至今，它也就成了硅谷的一条繁华商业街。下面有两张照片：一张是加州核定的第327号历史遗址、旧金山的发源地——圣弗朗西斯科教区——的两座古教堂（Mission Dolores and the Basillca）。在左边的围墙上镶着"El Camino Real"的纪念匾牌（加州核定的第784号历史遗址）；在前面的草坪上竖着纪念

· 国王大道在旧金山的起点，也是旧金山的发源地。
（来源：加州历史遗址网站）

· 国王大道上的纪念钟柱
钟柱的牌子上写着"古老的国王大道"
（来源：作者摄于当地）

· 从山景城闹市卡斯楚街口看国王大道（来源：作者摄于当地）

钟柱。这种钟柱在国王大道穿过的各处市镇要津处都可见到，向路人标示着国王大道的古老、诉说着它的沧桑。另一张就是纪念钟柱在硅谷的一例，这是竖立在劳伦斯大道与国王大道立交桥处的那一盏。

海岸线大道到此为止，因为已远离海岸。越过国王大道之后它就改名了，继续前行的路名叫密拉蒙特路（Miramonte Avenue），很快也就穿出山景城，进入邻市洛斯阿托斯（Los Altos）了。即使如此，在山景城区内的六条大路中，它算是最长的了。

排第二的是85高速公路，它只有一小段在山景城中。想当初，它只是连接着山景城和库佩蒂诺两市的一段干线，但跟随20世纪最后十几年硅谷突飞猛进的脚步，它就把南边几个城镇都串起来了。这条路起点在山景城的海岸线大道附近，从101高速公路分出，穿过圣塔克拉拉县的多个城市，包括森尼韦尔（Sunnyvale）、库佩蒂诺（Cupertino）、萨拉托加（Saratoga）、金宝市（Campbell）、洛斯加托斯（Los Gatos）等，最后在圣何塞（San Jose）的南端又回到101高速公路的怀抱。

还有一条237高速公路，起于山景城的国王大道，止于圣塔克拉拉县的东湾城市密尔必达（Milpitas）。十几年前，它只是一段穿过农田的土路，"冷冷清清"地、"艰苦"地联系着南湾和东湾。后来，一座座楼房在它旁边拔地而起，购物中心也应运而生，它也就变成来回各三条道的高速公路了。它和85号公路可以说是真正见证了硅谷20世纪末网络大潮的那段风光岁月。

其他三条横穿山景城的大路，就既非高速、也不是长街，但却都是比较繁华的大街了。其中最繁华的当然是人称"Downtown"（闹市区）主街的卡斯楚街（Castro Street，在中国大陆Castro常译为卡斯特罗，但湾区的居民和本地中文媒体习惯译为卡斯楚）。

据说，19世纪中叶，旧金山湾区也因淘金热而兴旺起来，国王大道成为圣何塞至旧金山的重要通道。马车往来于两城之间，途中有一个驿站，设在国王大道与如今237高速公路起点，即格兰特路（Grant Road）的交界处，因而比较热闹，这就是山景城的最初发源地。山景城历史协会在这里竖了个牌子，上面的大牌子说：这里是古山景城旧址，1852年时这里有旅馆、驿站、货栈和铁匠铺，后来又有了邮局、学校和教堂；下面的小牌子说：该教堂是1901年建，至2001年立牌时正好100周年。

沧海桑田，如今牌子上所说的旧景早已荡然无存。你看后面那座楼，爱车的读者可能会注意到上面是"宝马"车（BMW）的商标，表明这里已变成"宝马"车商的"阵地"。这里是"BMW山景城服务中心"，也是硅谷最大的"宝马"车技术和展销中心。

1864年火车通过山景城，在驿站往北之处建了火车站。于是，在火车站与国王大道之间繁荣起来，车来人往逐渐形成了一条大街，并以它为中心形成了市镇。这里原为山景城最早的开拓者——卡斯楚家族居住地，因而火车站与国王大道之间这条街就被命名为"卡斯楚街"了。

·山景城的发源地（来源：作者摄于当地）

· A. 百年前的山景城火车站

那时没有汽车，是用马车往车站运货（来源：山景城历史中心）

百年老站今仿昔，换来市民尽开颜

· B. 百年后的山景城仿古新站

它的右边就是"百年纪念广场"（来源：作者摄于当地）

1902 年山景城正式成为一个市，卡斯楚街、特别是火车站就成了该市发展的历史见证。在 21 世纪来临之时，为纪念山景城建市 100 周年，专门把火车站还原成百年前的面貌，由此看出山景城的政府和居民有着多么深厚的怀旧情结。为了强调这点，还专门把火车站前面的广场命名为"百年纪念广场"。

　　当然，今非昔比，如今整个车站远比当年复杂得多。每天，从旧金山开来的双层列车经过这里，不仅方便了圣何塞与旧金山之间南来北往的通勤人群，而且缓解了硅谷各条高速公路高密度上下班车流的压力。这条铁路一直延伸到圣塔克拉拉县最南端的吉尔若市（Gilroy），在那里有许多名牌商品直销店，是旧金山湾区最大的高档商品集散地。同时，由于那里盛产大蒜，故称"大蒜之乡"。每年还在当地举办"大蒜节"，吸引众多游客。

　　事实上，火车站地区已成为山景城的一个交通枢纽。除了火车和紧靠在旁的轻轨外，还有多条公共汽车在此会合，把旅客送往四面八方。例如，你可以乘车

· 百年纪念广场
广场的后面就是火车站，左面是卡斯楚街口，右面是公交车枢纽，前面是一条与铁路平行的大道，名为"伊夫琳大道"。（Evelyn Avenue）（来源：作者摄于当地）

· 斯坦福欢迎您

斯坦福大学无门无墙，四通八达；只要有路口，你就可进去；只要不犯规，也没人管你。不过，初来乍到之时，奉劝你还是从有这么两个门楼、但无岗无门的"大门"进去，从校园的主干道——棕榈路往里走，风景很好，也不容易迷路。（来源：作者摄于当地）

去山景城中最早也是最大的购物中心——圣安东尼奥购物中心（San Antonio Shopping Center），它是山景城的另一个交通枢纽，周围也是多条公共汽车的终点站。在那里，你还可搭乘特设的免费通勤车，不一会儿就把你送到举世闻名的斯坦福大学校园。

与铁路并行的就是把山景城一分为二的中央快车道。这条路终日车水马龙，从帕洛阿托，穿过山景城、森尼韦尔，一直向南到圣何塞国际机场边，随即并入101 高速公路中。不过，向北进入帕洛阿托后，就改名为"阿尔玛街"（Alma Street）了，而且一直可到达帕洛阿托的"Downtown"主街——大学街（University Avenue）。这时，如果你往左一拐，顺着大学街前行，你就可以直达斯坦福大学的校门。行进在棕榈成行的校园主道——棕榈路（Palm Road）上，沿着这条宽敞笔直的林荫大道，再开上几分钟，迎面就是一个巨大的草坪，

· 绿树丛中的风险投资大本营

沙丘路两侧，一边是斯坦福的人才，另一边是风险资本的钱财，
相辅相成，成就了举世闻名的硅谷。（来源：作者摄于当地）

站在那里你就可以看到斯坦福古老的教室、雄伟的斯坦福大教堂和高耸的胡佛塔
了……

如果你不拐，而是越过大学街继续前行，道路将引导你自然地"滑"入又一
条举世闻名的山路 —— 沙丘路（Sand Hill Road）。它紧贴着斯坦福大学校园
旁边擦过，那里的一座座大楼曾被誉为"风险投资的大本营"。金融资本家们在
那里将大把资金"洒"向圣塔克拉拉谷，"点沙成金"，沙变成了硅芯片，成就了
硅谷的一世繁荣。

这条路，其实已在另一个城市—— 门罗公园市（Menlo Park），那里又有
一个大家熟悉的名字"脸书"（Facebook）。2012 年 5 月 18 日，该公司上市（次
日，其创办人扎克伯格满 28 岁，生日宴和婚宴合并，新娘是华裔，姓陈），又
创造了硅谷的另一个奇迹，造就了成百的百万富翁。不过，你也别认为这条路上
都是"钱"的天下。就在这条路上，你同样能见到高科技的身影。你看下面的照片，
那个巨大的号码"2575"是个门牌号。这里就是举世闻名的美国能源部所属的、
斯坦福大学管理的、国家加速器实验室的"斯坦福直线加速器中心"（Stanford

· 美国能源部所属"斯坦福直线加速器中心"（来源：作者摄于当地）

Linear Accelerator Center，SLAC）的所在地。

在 20 世纪末，硅谷的互联网发展高潮也促进了硅谷轻轨网的建设。在山景城的火车站旁建了个起点站，2000 年 1 月通车。它穿过森尼韦尔和圣塔克拉拉市，向南通向圣何塞和金宝市，向东至密尔必达。为了方便硅谷各大公司员工上下班乘坐轻轨，它几乎把硅谷的精华都串了起来。

不过，硅谷人还是喜欢自己开车，所以这些列车满员的时候不多，常常可以几个人坐一节车厢，自由自在。因此，如果你初到硅谷而又无车可

· 绵延两英里的斯坦福直线加速器隧道
（来源：Stanford）

·山景城火车站旁的轻轨起点（来源：作者摄于当地）

·自由自在游硅谷

你看，轻轨车厢内多么宽松，好像为我们开的专车。当你来山景城时，请务必去享受一下这个"专列"。（来源：作者摄于当地）

· 亭亭玉立

这就是风洞建筑前的试验用航天飞机模型。（来源：作者摄于当地）

驾的话，不如就从山景城登上轻轨，坐在那舒适的车厢中，穿过硅谷一个个高科技公司园区，走马观花地欣赏一番硅谷的绮丽风光。

那就让我们来试一下吧。离开卡斯楚街头的起点站，经过一段新居民区和工业区，一过 101 高速公路，眼前一亮，迎面是占地 2000 多英亩的美国国家航空航天局（NASA）的基地。你会看到长长的跑道、宽敞的机场，这是基地内的莫菲特机场（Moffett Federal Airfield，代码为 NUQ，是个军民两用机场）。据说空军一号也可能在此降落，一些大公司老板的私人飞机也可特许停靠。在美国国庆时，还曾有美国的"蓝天使特技飞行团"（Blue Angels）在此一展风采。不过 2013 年却没有看到，因为美国海军发言人于 2013 年 4 月 9 日宣布：由于受联邦政府自动

· 埃姆斯研究中心的展览馆（来源：作者摄于当地）

减支影响，2013 年所有蓝天使飞行表演均被取消。【注：1 英亩 =4047 平方米】

　　同时，你一定会看到前面提到的巨大"机窝"，也会看到世界最大的风洞。举世闻名的美国航天飞机研制时，就是在这里做的风洞试验。如今那个用来做试验的模型（大小相当于实际航天飞机的三分之一）还放在风洞建筑之前，留作纪念、供人观赏。

　　当然，你还会看到基地内大大小小的各类建筑，也许你还会因无缘看到内部那些更加精彩的情景而叹息。不过，不必遗憾，我可以告诉你：那里是美国国家航空航天局的埃姆斯研究中心（AMES Research Center, NASA）。为了满足公众的好奇心，也为了给青少年提供活动基地，它在门禁森严的大门外专设了一个展览馆，有大量图片、模型和实物，也有电影可看，供人免费参观。

　　2009 年 12 月 20 日是埃姆斯研究中心的 70 岁生日，在山景城的卡斯楚街上曾挂起巨幅欢庆标语，并在市内举办了展览和各种活动，历时两个月。在互联网

A. 2012 年的鸟瞰（来源：NASA 网站）

埃姆斯研究中心的前世今生

B. 半世纪前的门面（来源：山景城历史中心）

上也有对它 70 年来为美国航空航天事业立下的"丰功伟绩"的介绍，纪念网址是：http://www.nasa.gov/external flash/nasa_ames_70_year/index.html。该网内容丰富，图文并茂，颇似科普网站。虽为英文，但行文简练，有许多图片和视频，容易观赏。在月球探测、火星探测、宇宙红外辐射观测、太空生命科学等方面，该中心都有不少建树。

在星际航行的探索中，它也贡献甚多，例如，著名的美国星际飞船——"先锋 10 号"和"先锋 11 号"都是在这里研制的。如今它们都已飞出太阳系，正飞往浩瀚的宇宙去寻找地球的知音。关于这两艘飞船的情况，在我的另一本书《茫茫宇宙觅知音》中已有介绍。

当你还在惊叹 AMES 的神秘时，洛克希德－马丁公司（Lockheed-Martin）又到了。这可又是一个太空科技的"巨无霸"，关心军事科技的读者对它一定不陌生。因为美国称霸全球的许多火箭、导弹、战机都是出自它手，仅在这一处的员工就曾高达 30000 多人。例如，曾经造成轰动的 U-2 侦察机就是它的作品；又如，全球第一种第 4 代战机、近来特别出风头的 F-22 猛禽战机，也是以它为主（在波音公司的协作下）研制的。在飞向太空的征途中，它还为美国研制了许多星际探测器。不过，它最热衷的还是军火，是美国国防武器的最大承包商。

当你还在想象着下一步又会看到什么奇景时，一片通身泛蓝的房舍又已出现在眼前，当地人送了它一个神秘的昵称——"蓝方块"。这是哪里？一个空军基地是也（不过，这时列车已经开出山景城、进入邻市森尼韦尔了）。这时，你真得保留你的好奇心了，我可不便说三道四，因为它所有的房屋连一个窗户也没有，怕的就是别人"偷看"。幸好，旁边就有几个巨大的抛物面天线，可以补偿一下你的眼福。在我的另一本书《"超级间谍"之谜》中对于它和洛克希德的那些奇闻轶事也都有所描述。

再往前行，本来你可以看到一个巨大的招牌，上书"王氏集团"，使人联想

· 山景城的"巨无霸"

近处是洛克希德-马丁公司的楼群，远处是 NASA 基地中的跑道、厂房和"机窝"。

（来源：山景城历史中心）

· 神秘的蓝方块（来源：山景城历史中心）

起华人电脑界的一束早开的奇葩——"王安电脑"。只可惜他儿子不争气，1993 年它就过早地凋谢了。与此同时，在 1993 年美国的那一轮不景气中，硅谷也倒闭了许多（不是一点）企业，这也提醒人们：硅谷也不是只有胜利的喜悦，同样有失败的辛酸。也就在那一年，曾给美国人带来骄傲的"泛美航空公司"也倒闭了，想当初正是它第一个实现了环球飞行。还有一件大事也发生在那一年，那就是享誉多年的美国"梅西百货"（Macy's）也申请了破产保护。只是因为美国的议员先生们说："小时候我奶奶、妈咪就带着我去梅西购物，如果它也垮了，我们的孩子们上哪儿去买东西？"于是，网开一面，拨了几十个亿，让它喘过气来了。真是商场如战场，这是永恒的警语。

但是，古诗曰："沉舟侧畔千帆过，病树前头万木春"。很快，从山景城、从硅谷又掀起一股新

· 雅虎公司（来源：作者摄于当地）

的网络狂飙，席卷全球。这一切，留待后叙。

这时，列车来了一个大转弯，向东驰去。接着"雅虎"（Yahoo）的楼房迎面扑来，这又是一个曾经风光盖世的、由华人牵头创办的企业，可惜的是今不如昔，而创办人杨致远也已同它拜拜了。

2012 年 7 月雅虎从谷歌"挖"来一位女强人来做它的新掌门人，她的名字叫梅耶尔（Marissa Mayer）。她上台后采用"拿来主义"的收购战略，一年多的时间她已大手笔地将 24 家新锐公司收归旗下，这些公司的业务涉及移动短视频、社交、移动工具和手机游戏等领域。她以这样的方式来快速延揽人才、进行技术整合和调整战略布局，力图带领雅虎恢复昔日的辉煌。效果如何，人们拭目以待。

· 思科总部（来源：作者摄于当地）

· 造型别致的圣塔克拉拉县会展中心（来源：作者摄于当地）

不觉之间你又置身"思科"（Cisco）风景如画的办公区。这个靠路由器起家的企业，当初取名字时就雄心勃勃，要"拿走旧金山（Francisco）的一半"。果然苍天不负有心人，如今它真是撑起了全球网络设备的半边天。

再往前走就是圣塔克拉拉县的国际会展中心。那一群五星级酒店，像众星伴月一样，簇拥着会展中心精美的楼堂。这里经常举办大型展览和会议，见证了硅谷的发展。

离它不远就是"大美国乐园"（Great America），一个类似迪士尼乐园的地方。不过，来硅谷观光的人恐怕不大关心它的趣闻，更想看的是离它那巨大的摩天轮不远处的一片楼房——那就是全球芯片霸主英特尔的总部。

也许你还想乘车继续前行，那就开车向东去看看美国密西西比河以西最大的"超级购物中心"（Great Mall of the Bay Area）。它占地150英亩，有6300个停车位，那里的商店陈列的都是名厂直销的产品，价廉物美。如果你对购物兴趣不大，那就向南去另一个"美西最大"。那是一个文化中心："马丁·路德·金图书馆"。它由圣何塞市与圣荷塞州立大学合办，是美国西部规模最大、藏书最多的图书馆。

· 英特尔公司（来源：作者摄于当地）

·美国西部最大的马丁·路德·金图书馆(Dr.Martin Luther King Jr.Library)（来源：作者摄于当地）

图书馆的旁边就是圣荷塞州立大学的校园。当然这也已经接近圣何塞的市中心了，那里不仅有联邦、县、市政府机构，还有更多的公司、商店，而且有七个博物馆供游人观赏。

好了，不必再走下去了。前方即将到达 IBM（国际商业机器公司）的"领地"了，那是在"蓝巨人"雄霸天下时修建的。想当初，也曾是湾区之最，为硅谷的技术奠基，也立下了汗马功劳。但这里离开山景城已经好远了，还是让我们回过头来，走进山景城的 Downtown 去看看吧。

卡斯楚街，有"山景城的客厅"之称，是人们购物、餐饮、娱乐、休闲的好去处。

这一片曾被果园包围的土路，随着经济的发展，19 世纪末已初具规模，至今尚有十余间百年老楼风韵犹存。20 世纪 80 年代，在硅谷蓬勃发展的推动下，卡斯楚街又重新规划、翻新、扩建。栽花种草，刷墙铺路，盖新剧院，修停车库，

· 被誉为"山景城的客厅"的卡斯楚街一景（来源：作者摄于当地）

A.20 世纪 50 年代的卡斯楚街（来源：山景城历史中心）

卡斯楚街的昔与今

B.2012 年夏的卡斯楚街（来源：作者摄于当地）

· 新张志喜

山景城名流、好友为山景城医学大厦中的希望中医诊所开业送花篮祝贺。（来源：作者摄于当地）

· 恭喜发财

这家"义富"中式杂货店，是山景城的一家老店。有趣的是，黄老板（右）对我说，他们接手不到一年，2001年10月27日，这个店就开出了山景城百年不遇的"加州乐透"大奖——1400万美元。而巧的是得奖的居然也是个华人。

（来源：作者摄于当地）

甚至模仿好莱坞比弗利山庄的特色，"压缩"车道，逼车辆改道而行，把人行道加宽，在街边修了"亭阁"，设了咖啡座、露天餐桌，一派欧陆风味。

然而，你猜卡斯楚街最抢眼的特色是什么？

是浓郁的中华气氛！

漫步街头，举目一望，中文招牌随处可见。可以毫无愧色地这样说，在旧金山湾区，除了旧金山的中国城外，山景城的这条主街，应当算是湾区各市的闹市中，中式店铺最多的。有中文书店、中药店、中医诊所、中式杂货店、中式美容店、珠宝店、甚至还有古玩字画商店，传播着中华文化，弥漫着中华气息。

特别是数以十计的中式餐厅，更吸引着硅谷的大量饕客。极盛时，在短短的5个街口集聚了24家中餐馆，仅川菜馆就有5家之多，俨然成了硅谷的"中华美食街"。曾经连续7年在这里举办中国农历新年民俗大游行。看到高鼻子、蓝眼睛的金发姑娘与华裔美女一起跳舞，听着各色人种吹奏

· 山景城的中国农历新年庆祝活动（来源：作者1992年春摄于当地）

· 西班牙语系的游行队伍就是多元文化的体现（来源：作者摄于当地）

的中华乐曲，长长的龙灯、壮壮的狮舞，怎能不唤起你阵阵乡愁……

可是，你千万不要认为卡斯楚街是一条外国城市中人们常称的"唐人街"，它可是一条货真价实的集多国风情于一身、各民族特色共存的多元文化街。不同肤色、不同民族的人按照自己的风俗习惯，开设了风光各异的店铺。这里既有英国、美国、法国、意大利、德国、墨西哥等西式餐厅，也有韩国、泰国、越南、蒙古、印度、日本、马来西亚等东方风味美食，还有冰淇淋店、比萨店、西饼店、汉堡和热狗快餐、酒吧、咖啡厅，当然也有茶馆。不过，你又不要误解这里仅是一条"世界美食街"。

其实，它还有更丰富的内容。这里光是外文书店就有 3 家之多，不同年龄的人云集这里，接受各国经典和时髦科技的熏陶。

这条街上还有西式文具店、杂货店、时装百货店；有美国银行（Bank of America）、富国银行（Wells Fargo）、大通银行（Chase Bank）的大楼；有凯萨（Kaiser）医疗集团的大型门诊部；有老式夜总会，有新式迷你剧院；甚至还有一家不大不小的枪械店。

当你走进店内，看到从左轮到猎枪等千百种各国的枪支陈列在厅堂之时，你会禁不住问道："这些是卖的吗？"

"Sure"（当然！），你听到的是一句响脆的答声。

接着他会热情地向你介绍你目光所及的枪械的性能和特点，还会递到你手里，让你掂量掂量……

如今，它离开了卡斯楚街，搬到不远处（仅几十米之遥）的西国王大道 363 号（363 West El Camino Real，Mountain View），把它那宽大的场地留给了一家大型自行车店。

【链接：其实，枪支泛滥、枪击案频发，是美国挥之不去的梦魇。每次枪击案后，都会引起一轮管控枪支的讨论，但热闹一阵之后，却又不了了之，似乎总统、国会

· 任君选购

山景城枪店，它卖的可是货真价实的家伙。你看，左边那人正在选冲锋枪，右边那人在选手枪。

（来源：作者摄于当地）

都无计可施。让我们来看两个事例：

　　2012年7月20日，美国科罗拉多州的奥罗拉市（Aurora, Colorado，该州第3大城市，离首府丹佛不远）中心商场的"世纪电影院"（Century 16）的第9放映厅，正在举办好莱坞新片《蝙蝠侠：黑暗骑士崛起》（*The Dark Knight Rises*）的午夜首映式，一个持枪暴徒跳上舞台，正当人们认为是首映花絮之时，他竟然举枪向观众扫射，导致12人死亡、58人受伤。这是美国史上（和平时期）伤亡总人数最多的枪击案。这个丧心病狂的变态杀手名叫霍姆斯（James E. Holmes，年仅24岁，还是科罗拉多大学的博士研究生），居然带了3支枪去滥杀无辜，还投掷了一枚烟幕弹。其情节，直逼恐怖大片！

2013 年 9 月 16 日早上 8 点 20 分，就在美国首都华盛顿，居然有一位名叫亚历克西（Aaron Alexis）的退伍军人，溜进了戒备森严的军事重地——海军海洋系统司令部总部大楼，手持 AR-15 攻击步枪扫射人群，导致 12 人死、14 人伤，而后凶手才被击毙。这已是奥巴马就任总统以来第 19 起重大枪击案（还不包括伤亡人数少的小案）。

据统计，美国平民持枪总数达 2.83 亿支，每年新枪销量达 450 万支。对于这项"宪法赋予的权利"，媒体只能发出"人人自卫，人人自危"的感叹……】

枪店的对面原本是 DEC（Digital Equipment Corporation）的办公大楼，可惜这家曾经名噪一时的老牌计算机公司，已在商海沉浮中消失了。与它一块消失的是枪店左侧街头的"住友银行"（SUMITOMO Bank）。那个地方后来又陆续换了几家银行的牌子，都没有待好久。现在挂的是一个"加州信托银行"（California Bank & Trust）的牌子。

说到银行，让我想起一件往事。初来山景城时，看到有一幢精致的小楼，十分醒目，进去一看原来是一家华人银行——"联合银行"山景城分行，里面都是华人行员。本以为异国遇乡亲，可是他们对我这个客人，也不怎么想搭理，给我的印象自然也好不到那里去。没有几年，它也就关门大吉了。

"美国银行"（Bank of America，在卡斯楚街上它的楼最大、最高）的山景城分行，却有一个姓杨的华裔行长。她操着一口略带粤语音的"美式华语"对我说："你看，联合银行的门牌号是 888，我们银行的门牌号是 444，可是它没有'发'、我们也没有'死'，可见数字吉祥的理论也不怎么灵。"

其实杨总说的也不全面，美国的大银行虽也是私人银行，但却有政府支撑。就以 2008 年的美国金融风暴来说吧，美国的大银行有国家动辄几百亿美元拨款援手，诸如大通、美国、花旗这些大银行都有政府输血，而小银行就只有自求多福了。例如，"联合银行"在其他城市硕果仅存的几间分行，在这次风暴的摧残下，也统统关门了。"联合银行"从此在美国消失了，留下的是华人们的一片叹息。可见小银行生存是很艰难的。

插叙结束，还是回头来接着说卡斯楚街。在这条长不足一英里的闹市区，它的繁杂多彩、包罗万象真的可以说能达到让你吃惊的程度。除了前面提到的那些行业之外，在这里还有律师事务所、会计师事务所、移民事务所；有设计处、公证处，有旅行社、信用社；你不但可以配到眼镜、买到自行车，还可以逛金鱼店、买热带鱼和活珊瑚；还有小印刷厂给你印名片、传单和喜帖；也可以找到武馆教你打拳；还有办保险的，算命、通灵的；真是应有尽有。更有甚者，在这个闹市中居然还有一家殡仪馆。当初它也真会选地方，右边不远处是医院，左边不远处是枪店，看来有点让人感到"不太吉利"。但是，生与死都是人生必须面对的严肃问题，谁人能够回避？

在它的斜对面是另一处山景城的地标——市府大楼和演艺中心，那是一个严肃与活泼和谐相处的地方。在那一大片色彩鲜明的粉红色楼堂之中，左边是市府大楼（City Hall）。大楼内政府官员、民选议员、各部门公务员在处理市政大计，但却无岗无哨、对外开放。你可以自由出入，进去办执照、找有关部门办事；也可以信步走进去随便看看，碰到职员问声好、遇到市长笑一笑；还可以走进会议厅，如果不是内部会议、而是开放议题，你还可以停下来听听有什么"奥妙"，当然要文明一点、别吵别闹。

· 山景城的地标市府大楼和演艺中心（来源：作者摄于当地）

· 欢乐的周末

这是周末在市府大厦与演艺中心前的街市。（来源：作者摄于当地）

右边的建筑是演艺中心（Center for the Performing Arts）的主剧场，但却和左边正好相反——"门禁森严，来人止步"，你想进去就得买票。这里除了电影，什么都演。专业的、业余的，话剧、歌剧，管弦乐、芭蕾舞……用媒体记者的话说："一年中这里演出350多场。"你看有多热闹。

可是，就在这个闹市的后面，却是一个很安静的地方——山景城图书馆。它

· 山景城图书馆一角（来源：作者摄于当地）

们之间隔着一大片林木花草，那是山景城的"开拓者纪念公园"，是早年由卡斯楚家族的祖母的祖母捐献的。

这个图书馆，历经"三代"世事变迁，却始终与市府相伴。山景城草创之初，它与市府同在一座楼内，几年后才分开单建。

20世纪末又乘网络大潮的东风，拆

·山景城"开拓者纪念公园"（来源：作者摄于当地）

旧建新。1997年新馆开张，规模扩大，藏书增多，令人赞赏。这是一个面向全市居民的图书馆，凭身份证办借书证。可出借书刊、录像带、光碟等，每次可借100本书，借期4周，可续借2次。一切免费，除非你逾期未还，会收罚款。当然也可坐在馆内的沙发上、书桌前阅览。还有小孩阅览区、学生学习室。除了遍布各处的电脑供检索、查询外，还有专门的电脑室，配备数十台电脑供读者使用，可以免费无线上网。

在这个图书馆中，还有一个特殊的部门，名为"山景城历史中心"。而更特殊的是，这个中心是由两个年逾90岁的孪生姐妹肯森（Kinchen, Bobby & Betty）管理。她们是山景城生、山景城长，头脑清醒、耳聪目明，可以为你介绍山景城的历史、指点山景城的古迹、查找山景城的资料，简直就是一部山景城的活字典。她们既是山景城政府特聘的"城市历史学家"，又是来访读者的山景城历史导师。我在写作本书的过程中，得益于她们甚多。她们为我翻箱倒柜查资料、找图片，真是难为她们了。在此，我必须再说一次：谢谢两位老大姐！

谈到老人，我们就必须说一说"山景城老人中心"（Senior Center）。它就

·山景城的城市历史学家与作者合影
这是这对孪生姐妹：博比（Bobby，右，姐姐）和贝蒂（Betty，左，妹妹），90岁生日当天摄于山景城图书馆的"山景城历史中心"。（来源：2010年6月29日作者摄于当地）

· 山景城老人中心（来源：作者摄于当地）

坐落在山景城最大的公园——"阮氏道夫公园"（Rengstorff park）内，离山景城图书馆不过几分钟车程，离我的住处则是步行只需几分钟。它可是南湾几个城市老人中心中最大的，所以不仅山景城的老人、连附近城市的老人也常来此活动。

以它为中心，前面是一个老人日托所，接待生活不能自理的老人；后面是个托儿所和儿童乐园；右边有一个少年活动中心（美国人叫"Teenager Center"，英文"Teenager"就是指十几岁的娃娃，一般是 13~19 岁这个年龄段）；左边还有一片供老人锻炼、种蔬菜的园子。

右面是一份老人中心的活动简报。（奇怪吧，它居然是用中文公布，难道

· 老年中心活动简报号召老人们周末来参加各项活动：你可以参加保健讲座、健康检查和咨询等，还可以同山景城市长一起散步、聊天……（来源：山景城老人中心）

· 老人乐团在老人中心演出（来源：作者摄于当地）

是专为华人举办？）当然不是，它是面向所有族裔的。只不过这些年来随着旧金山湾区华人的增多，许多通知，除了英文版外，常常还会有中文版。

阮氏道夫公园就在阮氏道夫大街上，这条街与海岸线大道一样，也是山景城"四纵六横"大道之一，起于国王大道，沿着它一直向北，不但可以走进海岸线公园，而且可以走到公园中一座名叫"阮氏道夫别墅"的美丽建筑。你可别小看它，它可是经常被时髦男女高价预订，租来做婚典的喜房。

看到这里读者也许会问：为什么公园、大街和别墅都取名"阮氏道夫"呢？这是因为它们都是为纪念山景城的开拓者阮氏道夫（Henry Rengstorff）而设。提起阮氏道夫，在山景城的历史上，他可是与卡斯楚齐名的大人物。如果说卡斯

· 阮氏道夫别墅

这是山景城最早的别墅，也是美国西岸最典型的欧式维多利亚古建筑之一，至今风韵犹存。

（来源：作者摄于当地）

· 阮氏道夫公园一景（来源：作者摄于当地）

楚街周围曾经是卡斯楚家族的"庄园"的话，那么沿着阮氏道夫大街一直到海岸线公园这一大片市区，都曾是阮氏道夫家族的"领地"。是他们最先开拓了这片荒原，为后人留下了这片硅谷乐土。

全世界都注视着硅谷的科技，抢着买"苹果"、忙着上"脸书"、上"谷歌"……其实硅谷也并不那么单调。你看，硅谷的华人，唱歌、跳舞、演活剧……不分男女老少。下面就是 2 张照片。

一幅是硅谷几个城市爱好歌咏的华裔老人组织的"长青合唱团"在山景城老人中心的大厅中表演。"长青合唱团"每周二来山景城老人中心练唱，该合唱团在硅谷享有盛名，它的艺术指导，就是我的好友周国权和刘欣夫妇。

· 越唱越年轻
这是 2012 年 3 月 15 日，他们在老人中心大厅的演出盛况。左边第一、三位就是刘欣和周国权。
（来源：作者摄于当地）

另一幅是湾区著名的"华艺表演艺术中心"演出后的合影。他们的话剧或小品基本上都是自编自演，伴随时代的步伐，反映在美华人的风貌，还代表北美华人到中国巡回演出，也曾在中央电视台播放。它的艺术总监艾毓龄，不仅是我的好友，而且还是我们成都老乡。

·越演越精彩
这是"华艺表演艺术中心"演出后合影，正中拿花者就是艺术总监艾毓龄。
（来源：作者摄于当地）

天下第一网

这个标题有点吓人，是否符合实际？看完这节你自会有评论。在上节中，出现了两个非常重要的概念：一个是"Wi-Fi"，另一个是"无线城市"。在这一节中我们就来谈谈与它们有关的一些问题。

为什么要讲它们？因为：

第一，它们牵扯到一些技术术语，需要稍微交代一下，以利于对前节的理解和今后的阅读；

第二，如果不对它们有一个基本了解，就不可能真正体会到山景城作为北美第一城的意义；

第三，在高速发展的信息技术中，它们是两支"生力军"，随着技术的发展，它们会更深入地融入人们的日常生活；

第四，通过介绍，你将会了解到它们不仅是两个技术概念，而且是两个文化概念，甚至是两个社会概念。

所以，有兴趣的读者，且听我慢慢道来。

看到"Wi-Fi"，也许会引起你对流行已久的"Hi-Fi"的联想。其实，它们是两回事。

"Hi-Fi"是英文"High"（高）和"Fidelity"（保真）两词的词头缩写，即"高保真"。它已经流行很多年了，是指尽可能保持原样的重放声音和画面（即音频和视频信号）。特别是音响的高保真，是许多发烧友的追求。自从光碟问世以来，开发音响设备的厂家就开始宣传和提倡（其实也是一种商业炒作），从而形成了潮流。因此，"Hi-Fi"经常被标注在设备上，成了高质量而又价格不菲的音响设备的代名词。其实，音频本来就不宽，人耳的可听频率范围更有限，要高保真，虽不容易，但也不是太难。而视频的高保真，却不是那么方便。在数字技术高度发展后，才真正能够较好地实现。而且，"高保真"的概念，也是随着技术的发展与时俱进的。例如，光碟就经历了四代：CD、VCD、DVD、Blu-Ray，当每一代出现时，制造商都说它"高保真"；但下一代出来时，又宣传它更"保真"。又如，声道也经历了单声道、双声道、多声道（五声道、八声道等）。

"Wi-Fi"是英文"Wireless"（无线）和"Fidelity"（保真）两词的词头缩写，即"无线保真"。但却不能从字面上类推，由"Hi-Fi"去解释"Wi-Fi"。其实它们俩就像"白宫"和"白糖"一样，是风马牛毫不相干的两种概念。

那么，"Wi-Fi"是什么？

它是最近十来年才发展起来的一种短距离无线传输技术，用于组建无线局域网。

大家知道，"局域网"是"局部区域网"的简称，英文是"Local Area Network"，缩写为"LAN"。通常它是指十千米以内的小区域网络。它是从有线网开始的，当初在家里、办公室里、大楼里、"小区"或"大院"里……为了将多台电脑及各种设备连在一起，实现数据传输和资源共享以及互联网共享等目的，发展了局域网。

讲到这里，顺便提一下，相对于覆盖局部区域的局域网，学者们把覆盖广大区域的网称为"广域网"，英文是"Wide Area Network"，缩写为"WAN"。通常它是指 10 千米以上到几千千米这样广大的区域。它可以是大到一个省、一个国家或地区、甚至广达全球的网。Internet 就是广域网的一种。我们华人全球最多，海内海外，这一个英文词就有了不同的译名："互联网"、"因特网"、"网际网络"等等，其实都是指"Internet"。由于它方便、实用，于是在全球迅速流行开来，我们日常所说"上网"指的就是上"Internet"。在本书中我选用"互联网"这个译名，因为它更可以突出"把各种网络互相联接起来"的特点。

学者们又把覆盖一个城市的广域网称为"城域网"，英文是"Metropolitan Area Network"，缩写为"MAN"。它通常是指 10 千米到 100 千米的、大约一个城市的范围。

反之，又把更小范围的私人用网，称为"个域网"，英文是"Personal Area Network"，缩写为"PAN"，例如一个家庭、一个办公区或者一个企业。总之其范围较小而又非大众应用者。

在有线网中，用于互联的当然是"线"，学者们常称为"传输介质"，它们是双绞线、同轴电缆和光纤。但是，不仅众多的缆线令人烦恼，而且许多场所不便架线，移动对象更难于用缆线互联。后来随着笔记本电脑、个人数字助理(PDA)等便携式或掌上型产品的逐渐兴起，人们更感到这些"轻便"的东西却轻而不便，因为出了门或换个地方就上不了网。所以，人们想到了另一种已在广播、电视、通信中广为应用的传输介质，那就是无线电波。学者们把用无线电波作为传输介质的网都冠以"无线"词头（英文就是加个字母"W"），于是就有了无线局域网（WLAN）、无线广域网（WWAN）、无线城域网（WMAN）、无线个域网（WPAN）等称谓。

关于无线电脑网络，美国流传着一个故事。听听它也可以从另一个角度了解一下电脑网络的发展。

想当初，在 20 世纪 60 年代末期以前，世界上不但没有互联网，而且根本就没有电脑网络，即使电脑也还是又大又笨的家伙。若要在电脑间实现数据传递和资源共享，就得用人们戏称的"旅游鞋网"（英文是"Sneakernet"）传送，意思是由穿着当时认为很舒适的帆布帮橡胶底旅游鞋的人把储存资料的打孔卡片、磁带、软盘等送过去。

20世纪60年代，人们才开始电脑联网的探索。而历史上公认的电脑网"祖师爷"就是美国国防部高级研究计划局（ARPA）的"阿帕网"，英文为"ARPANET"。它起初也不过只连接了加州大学洛杉矶分校、加州大学圣塔巴巴拉分校、斯坦福研究所和犹他州立大学的四台主机而已。当最先试验的斯坦福研究所和加州大学洛杉矶分校之间的线路连通之时，60年代已即将结束了（1969年11月21日）。以后一些大企业也陆续建立商用网络，而这些网络都是靠用"像拇指那样粗"的专用电缆把各台电脑连接起来。

据说，那时远离美国本土的夏威夷也赶上了"时髦"，有了电脑。但是，要实现分散在各岛的电脑间数据传递和资源共享就相当麻烦：如果要用"旅游鞋网"的办法还真不够，还得让快艇或直升机帮忙；如果要架专用电缆，跨海也很劳民伤财。正在为难之时，一个名为阿布拉姆逊（Norman M. Abramson）的教授从斯坦福大学转到夏威夷大学任教。他提出不用电缆、而用无线电波的方案。他认为夏威夷各岛人烟稀少、对电波的人为干扰也小，加之平坦的海面也有利于电波的视线传播，于是带领一帮学生，设计和建立了无线联网的试用线路，称之为"AlohaNet"（这里"Aloha"读音为"阿罗哈"，是夏威夷土著的问候用语）。

于是，1970年，世界上第一个无线网络雏形"AlohaNet"在夏威夷诞生了。那是由夏威夷的海岛环境逼出来的。

可惜，在当时，这一新生事物传到美国本土，却并未引起仿效之风，人们不以为然。为什么？

一句话：条件不成熟，需求不旺盛。当时电脑网络才刚刚起步，大家都还处于摸索阶段，这意味着：

第一，各自为战，既无标准，也无规范；

第二，没有现成器件或设备可用，特别是无线联网器材更没人生产，一切都得自己干；

第三，当时谁也没有想把那些又大又重的电脑背着抬着到处跑，不必无线；

第四，微波信号，直线传播，跨海易、翻山难。

总之，人们认为：在陆地上反而无线比有线更难，用有线联网反倒"省事"一些。所以随后的二三十年，电脑网络的主流还是沿着有线网络的方向发展和深化。一直到 1990 年才由贝尔电话实验室正式提出了无线局域网的概念，但实际建网却仍未流行起来。还是到了 20 世纪最后几年，个人电脑普及了，有线电脑网络技术已经非常成熟、规范了，互联网也已走红，人们对随时随地上网的需求也日益迫切，无线网络终于又重新提上日程，一些厂家也开始致力于无线联网器件的开发。然而有线网络的经验告诉人们：网络上用的"玩意儿"是需要协调一致工作的，不能"各吹各的号、各唱各的调"。标准化可以带来投资省、应用易的方便。

最初是各厂自立标准，随后是几家公司利用自身标准相互协调。但随着公司和产品的增多，统一标准的呼声就日益强烈了。

于是，1997 年 6 月，由已经为有线网络制定了不少标准的"电气与电子工程师学会"（英文名为"Institute of Electrical and Electronics Engineers"，缩写为"IEEE"）出面，制订了一个有关无线局域网的标准，即"IEEE 802.11"标准。这里"802"是 IEEE 于 1980 年 2 月为制订局域网标准而成立的"802 课题组"（Project 802，或称工作组）的代号，后因业务扩展，改称为"802 局域网 / 城域网标准委员会"（IEEE 802 LAN/MAN Standards Committee）。圆点(.)后面的数字是该组制订的各种标准的代号，例如"11"是无线局域网的标准；"15"是无线个域网的标准，"16"是宽带无线接入（Broadband Wireless

Access，简写为 BWA）的标准，"20"是移动宽带无线接入（Mobile Broadband Wireless Access，简写为 MBWA）的标准等。

说到这里，你可能会问：IEEE 是何方神圣，为何有此权威？

它是由美国电气工程师学会和美国无线电工程师学会发起组织的、有 175 个国家和地区的机构和专家参加的国际性专业学会，应当说它是当今世界上在电气与电子行业中最大的、也是专业领域中最有权威的学术团体。因此 IEEE 802 标准不仅被美国列入国家标准，而且也被负责信息技术领域的国际标准化机构接纳为国际标准，受到世界各国承认和推广。这个国际标准化机构是由国际标准化组织（ISO）和国际电工委员会（IEC）联合设置的名叫"国际标准化组织／国际电工委员会第一联合技术委员会"，英文缩写为"ISO/IEC JTC1"，中国也是成员国之一。

但是，作为学术团体，IEEE 并不能负责各厂商产品的测试和厂商产品间的协调。于是，1999 年 8 月，由 Nokia，3Com，Aironet，Intersil，Lucent Technologies，Symbol Technologies（这是当年组建时的实际名称，由于商场沉浮，到 2012 年，有的公司已经改组或"改嫁"了，于是如果上网查的话，已经变成了：Nokia，Cisco，Conexant，Agere，Symbol united，以后可能还会变，但其历史根源不会变）等六家热心于无线联网器件的厂商联合发起了一个非盈利的行业组织，取名为"无线以太网兼容性联盟"（英文原文为："Wireless Ethernet Compatibility Alliance"，缩写为"AECA"），该联盟的主要任务之一就是对各加盟厂商生产的无线联网器件的兼容性进行技术认证，它将这种认证命名为："Wi-Fi CERTIFIED"，中文可译为"无线 – 保真认证"，但习惯上仍称为"Wi-Fi 认证"。

为什么要叫"无线 – 保真认证"呢？"无线"很好理解，"保真"是"保"什么"真"？

一句话，就是"保""IEEE 802·11"标准这个"真"！

也就是说，该组织遵照"IEEE 802·11"标准的规范，对联盟成员的产品，在联盟专门指定的实验室中进行测试，鉴定其技术性能是否合乎要求，以确认它们的产品在彼此连接时、在与互联网连接时、在与有线网连接时具有互操作性。在实际中，同类产品可以相互代替，不同产品可以混杂使用，而不影响网络的正常工作。

认证通过的产品都标以专门的认证标志，这个标志就是带有"Wi-Fi"字样的图案（如下图所示）；发给认证证书，称为"Wi-Fi 互操作性认证证书"（英文为"Wi-Fi CERTIFIED Interoperability Certificate"）；授以特别的编号，称为"Wi-Fi 认证号码"，英文为"Wi-Fi Certification ID"。

· 认证标志
这是产品经 AECA 认证后的"认证标志"。其中 a、b、g、n 是表示满足 IEEE 802.11 标准的各代产品，保留哪一个代号视具体产品而定。（来源：www.wifi.org）

AECA 于 2000 年 3 月正式开始产品的认证工作，这不仅标志着厂商们协同活动的起步，而且更标志着"IEEE 802.11"标准从理论到实践跨出了历史性的一步。

新成员不断加入，新产品成批涌现。2000 年当年成员就增至 36 个，2002年已增至 100 个，2004 年又增至 200 个，2005 年达到 300 个，2009 年已是350 个，2012 年已超过 500 个。该联盟成员遍布全球，覆盖了整个产业链的各个方面，不仅包括了全球最主要的研发、生产商，而且包括标准化机构、监管单位、服务提供商和运营商等。过去以欧美成员居多的情况也发生了变化，如今亚洲（当然也包括中国）的成员，在联盟中已过半数。

该联盟已在 9 个国家和地区（包括北美、欧洲、中国、日本、印度和韩国等）拥有 16 个授权的独立测试实验室，通过它们认证的器件已超过 15000 种（注意：是种类的"种"，不是件数的"件"），这些器件也都可统称为"Wi-Fi 器件"。以"Wi-Fi 器件"为基础组建的无线局域网，也如雨后春笋般在世界各地建立起来，人们也把这种网都简称为"Wi-Fi 网"。

有道是无线局域网的需求，呼唤了标准的制订和联盟的创立，而联盟的运作又推动了无线局域网的发展。"Wi-Fi"字样随处可见，"Wi-Fi 器件"成千上万，于是"Wi-Fi"也作为新词载入了著名的《韦氏字典》和百科全书。许多人知道"Wi-Fi"，却不知道"发明"它的"AECA"，于是"AECA"也就干脆把它的名称也改为"Wi-Fi 联盟"（英文为"Wi-Fi Alliance"）。它的网站也以"Wi-Fi"命名，有兴趣的读者可以上网查阅，网址是：www.wi-fi.org。

那么，"Wi-Fi"为什么受到如此热捧呢？归纳起来大致有如下三点：

第一，组网简便。只要在适当的地方安装一个前文所说的"节点"，电脑等便可通过它无线上网，也就是说其间不用拉线、行动自由。这与有线上网相比显然构建简便，费用低廉。

这种"节点"的主要功能，通俗说来有三：

其一是可与互联网相通；

其二是可与具有无线上网功能的用户终端相通；

其三是可让用户终端之间以及它们与互联网之间相通。

这种"节点"也如前节的山景城网所示，是由具有无线功能的、经过 Wi-Fi 联盟认证的 Wi-Fi 器件构成。它们通常是"AP"或"Gateway"。"AP"的英文全名是"Access Point"，中文译为"接入点"。为何这样叫？其实很容易理解，因为它本来就是作为用户终端"接入"网络的工具，在"Wi-Fi网"中用作无线连接的中心节点。而"Gateway"中文译为"网关"，即网络的关口，用户终端通过这个"关口"上网。它其实就是在AP的基础上再加一些软件功能，例如漫游、防火墙等。总之，通俗说来它们都是能够以无线方式把多台装有相应"Wi-Fi网卡"的设备连到一起构成网络、并能接入互联网的器件，所以也可将它们统称为"Wi-Fi接入点"。

而所谓"Wi-Fi网卡"就是装在用户终端、用以与"Wi-Fi接入点"连通的

· 局域网中的无线网卡和有线网卡示例

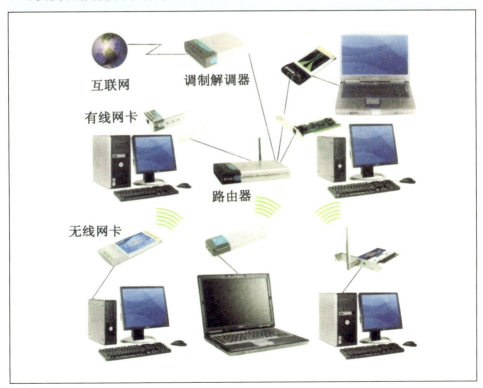

Wi-Fi 器件。除了在市面上有单独的成品可供选购外，如今在整机中已常常预先植入有 Wi-Fi 网卡功能的模块。

"Wi-Fi 接入点"的无线电波，通常可以覆盖半径为 100~300 米的范围。在这个范围内，任何装有 Wi-Fi 网卡的电脑、手持设备（如个人数字助理、手机）和外设，乃至其他一些消费类电子产品和家用电器，就能以无线方式接入"Wi-Fi 网"，达到彼此"访问"和连上互联网的目的。

"Wi-Fi 网"除了在家庭、办公室广为应用外，常设在公共场所（例如咖啡厅、酒吧、餐馆、宾馆、机场、码头、火车站、会展中心、加油站、图书馆等）。人们把这种能给公众提供"Wi-Fi 网"无线上网服务的地点称为 Wi-Fi "热点"（英文为"Hotspot"），把由若干"热点"搭接覆盖的区域叫 Wi-Fi "热区"（英文为"Hotzone"）。最初，由于这类热点大都是由私人互联网运营商开设，故大都是收费的，也有一些是免费的（其实是由热点所在地的老板付费）。如今，随着 Wi-Fi 网的普及，在公共场所免费的情况日益普遍；还有公司或校园为访客或内部人士提供热点服务。

为了方便外出的人确定目的地哪里有热点（或热区），一些网站就应运而生，可供查找热点的位置、名称以及是否收费等，例如：

www.jiwire.com

www.wifinder.com

www.wi-fihotspotlist.com

www.hotspot-locations.com

同时，"Wi-Fi 联盟"也提出了一种名为"Wi-Fi 区域"（Wi-Fi Zone）的认证计划，即由它对各地的热点（或热区）进行鉴定，通过后就可挂上它颁发的"Wi-Fi 区域"标志。这样用户就可方便地在世界各地找到高速而可靠的上"Wi-Fi 网"的热点区域了。

第二，起点适当。"Wi-Fi 联盟"审时度势，一开始就精明地选择了市场容易接受、便于推广的器件进行认证，从而也就为成员指出了当务之急、为用户引导了入门之路，使"Wi-Fi 网"得以快速推广。

情况是这样的，随着技术的发展，IEEE 又于 1999 年发布了"IEEE 802·11"标准的两个扩展版本，即"IEEE 802.11a"和"IEEE 802.11b"两个无线局域网标准。

"IEEE 802.11a"标准的工作频段为 5 吉赫（GHz），数据传输速率为 54 兆比特每秒（Mbps）。

这里，需要解释一下这两个指标，因为以后经常用到。

先说"工作频段"。大家知道，"无线"、"无线"就是没有"线"。那么，"接入点"与"用户端"（例如笔记本电脑）靠什么连通呢？那就是前面已经提到的无线电波！正如人们接收广播或电视要"调台"（即对准广播电台或电视台的频率）一样，在无线网中的设备也必须工作在相同的无线电波频率上才行，因此工作频段是无线网的基本指标。"赫兹"是频率的单位，1 赫兹就是每秒变化 1 周。1 吉赫就是 10 的 9 次方赫兹（即 10 亿赫兹）。所以，5 吉赫是很高的频率，是在无线电波的微波波段。

再说"数据传输速率"。"接入点"与"用户端"连通目的是什么呢？那就是传递信息。信息传递的快慢就是用"数据传输速率"来衡量。大家知道，在日常生活中，我们通常是用十进制（即从"0"到"9"十个数，逢十进位）；而在电脑中，我们却通常是用二进制（即只有"0"和"1"两个数，逢二进位）。"比特"（bit）就是二进制数的基本单元，也称为"位"，在这里一"位"只有两个可能："1"或者"0"。也就是说，一个"0"或者一个"1"，就是一"位"。1 兆比特（1Mbit）就是 10 的 6 次方比特（即 1 百万比特或者说 1 百万位）。

在数字设备中，是用每秒钟传输的比特数（位数）来表示数据传输的速率（也简称为"比特率")。显然，这也是网络的基本指标。其单位是"bit/s"（比特／秒），中文读作"比特每秒"，英文就是"bit per second"，缩写为"bps"，因此，也常用这个缩写作为比特率的单位。所以，54Mbps（当然也可写为54Mbit/s）是比较高的数据传输率，也就是说每秒钟可以传5400万个用"1"或者"0"表示的信息单元。也许你觉得不太形象，通俗说来，如果以这个速率，你就可以在1秒钟内从"Wi-Fi网"下载完1小时的MP3歌曲。

在这里，还需要再介绍一个词——"带宽"，因为它常常在书报中出现（本书也不例外），用来形容通信线路（或网络）的传输能力。

按说"带宽"本是"频带的宽度"的简称，是一个应用十分广泛的概念。实际上，任何电信号都有一个频率范围，它的上、下两个边界频率之差就叫信号的"带宽"。例如，我们说话的音频一般是在200赫到3400赫的范围，于是我们说话频的带宽是3200赫。同样，用来传输电信号的通信线路，也都有一个工作的频率范围，例如GSM手机线路，它的带宽是200千赫。这就是过去常用的定义。

但是在数字网络应用日益普遍之后，"带宽"又流行起另一个定义来了。简单说来，那就是：在数字网络中每秒钟能够传输的数据量，称为网络的"带宽"。在二进制中显然它的单位就是比特每秒（bps）。表面上看它与以赫兹为单位的频带宽度并不沾边，但实际上，当信号形式和网络结构确定之后，是可以求出两者之间的关系。但因牵扯一些更复杂的信息理论，这里只说一下结论：两者基本上是成正比的关系，即网络的频带宽度愈宽，网络上数据传输速率就可以愈快。因此，网络可以提供的数据传输速率也就可以用来表征它的带宽了。

基于此，在上面的IEEE 802.11a标准中所说的"数据传输速率为54Mbps"，人们也常说成"带宽为54Mbps"，两种说法是一回事。

但是，在实际上网时，所给的这个带宽只说明了一个最高的"可能性"，却不是"必然性"。例如，当你在一个"热点"上网的时候，实际能达到的速率还会受到许多因素的影响：热点本身的结构和尺寸、你在热点中的位置、同时在利用热点的人数以及都在网上干些什么（比如是在发 E-mail 呢？还是在看视频？）等，因此你上网的速率可能达不到网络带宽那个值，而且也不一定与热点中的其他用户上网速率相同。

在互联网发展之初，是用传统的电话线路加拨号调制解调器（Modem）上网，当时的速率只有 14.4 kbps、28.8 kbps 和 33.6 kbps 等几种，后来国际电联又定了个 56kbps，如今看来都是很慢的，所以人们说它们是"窄带网络"。稍后，人们就把带宽高于 1Mbps 的网络称为"宽带网"。而现在的有线骨干网早已是吉比特每秒（Gbps，"G"是千兆之意，吉比特每秒，也可读为千兆比特每秒）的水平了。至于 Wi-Fi 网由标准即可看出，都是宽带网，而且也在快速地向吉兆比特每秒进军。这也就是上节中把"Google Wi-Fi for Mountain View"译成"山景城谷歌无线宽带网"的原因。

原始的"IEEE 802·11"标准的工作频段为 2.4GHz，数据传输速率为 2Mbps；

"IEEE 802.11b"标准的工作频段为 2.4GHz，数据传输速率为 11Mbps。"Wi-Fi 联盟"成立后，2000 年 3 月一开始选择的起点认证产品，就是 IEEE 802.11b 标准的产品。

为什么说这个"起点适当"呢？因为：

首先，2.4GHz 这个频段是一个开放性频段，它是供工业、科研、医疗等（英文缩写为"ISM"）使用的公用频段，不需申请即可使用，在世界各国已广为应用。因此厂商研发有关器件、推销产品都比较容易，也使网络运营商开设"Wi-Fi 网"取材方便。

其次，11Mbps 这个数据传输速率已是相当高了，已经在当时的平均水平之上，因此在"Wi-Fi 网"的市场尚需培育之时，这样的起点既不脱离实际而又很有潜力。

加之 IEEE 802.11b 标准还采用了所谓 "动态速率漂移" 的技术，使速率可以根据信号的强弱调整为 5Mbps、2Mbps 和 1Mbps，即它的最高速率为 11Mbps，当信号较弱或有干扰时，就可自动调节到 5Mbps、2Mbps 或 1Mbps，这样就有效地保证了网络的稳定性和可靠性。于是 "Wi-Fi 网" 就在这样的有利条件下迅速发展起来。

第三，发展迅速。既然起点适当，组网方便，花费也省，当然发展也就顺利。

AECA 成立后，于 2000 年 3 月开始对 IEEE 802.11b 标准的器件进行认证。一年之中，通过认证的器件就达到了 200 种，推向市场的 Wi-Fi 芯片组就达 750 万件。到 2002 年，它把认证工作也扩展到了 IEEE 802.11a 标准的器件，也就是说，开始了对工作频段在 5GHz、数据传输速率在 54Mbps 的器件的认证工作。

同时，由于 IEEE 802.11b 标准的 Wi-Fi 器件大量投向市场，2.4GHz 频段的 Wi-Fi 网就发展迅速，对提高数据传输速率也有了进一步要求，于是 IEEE 制订了可视为 IEEE 802.11b 升级版本的 IEEE 802.11g 标准。它的工作频段仍为 2.4GHz，但数据传输速率提升至 54Mbps，这类产品也可 "向下兼容"，即与满足 IEEE 802.11b 标准的 Wi-Fi 器件也可相通，这样又照顾到了早期的产品及其用户。

因此，Wi-Fi 联盟又于 2003 年开始了对 IEEE 802.11g 标准器件的认证，至年底通过认证的 Wi-Fi 器件种类猛增至 1000 种。

次年（2004 年），联盟成员数又翻了一番，达到 200 家，认证业务也扩展到了多媒体。新的认证称为 "Wi-Fi 多媒体"，英文原文是 "Wi-Fi Multimedia"，缩写为 "WMM"。

这几年，认证的产品种类也从器件陆续扩展到了整机、乃至系统，例如电脑外围设备、数码相机、蓝光播放机、游戏机、数字电视、音响系统、视听中心、家庭娱乐系统等多种电子产品。众多品牌的笔记本电脑、平板电脑、手机等各种移动终端也都纷纷装上了 Wi-Fi 模块。

在这样标准升级、认证增项、厂商热捧"三管齐下"的推动下，Wi-Fi 器件的用户迅速增长，Wi-Fi 热点、Wi-Fi 网络也在各地如雨后春笋般纷纷设立。这样，又反过来刺激用户使用 Wi-Fi 器件和设备的热情，形成一个良性循环。随着数以亿计的家庭和办公室都在不断地添置 Wi-Fi 设备，Wi-Fi 设备的销量也猛增。据统计，2005 年增至 1.5 亿部，2006 年又增至 2 亿部，到 2009 年 Wi-Fi 设备的出货量已达 5.8 亿部，其中 1.4 亿部为手机。

在固定点普及 Wi-Fi 无线接入的带动下，一些交通工具（例如火车、轮船、飞机）上也开始流行增设 Wi-Fi 无线接入服务。以航空公司为例，如今美国的国内航班基本普及了 Wi-Fi 上网，用笔记本电脑、平板电脑和智能手机均可使用这一服务。其中的先行者是德国汉莎航空公司（Lufthansa），该公司早在 2003 年就通过波音公司的 Connexion 项目为乘客提供上网服务。后来波音的 Connexion 服务项目于 2006 年关闭，又由 Aircell 公司的 Gogo 项目接上来为大多数美国国内航班提供 Wi-Fi 上网服务。其他国家的航线也正在跟上这一潮流。就目前技术而言，在飞机上收发电邮、使用脸书、看串流视频都没有问题，但尚无法大量下载资料。航空公司也将管控乘客在机上透过网络用 Skype 等通讯软件与他人通话，原因并非技术问题，而是担心这样干的人太多，会妨碍机舱内的安静。

随着技术的提升，如今机上的娱乐设备也已开始由传统座椅嵌入式系统升级为机上无线影音娱乐系统（Wireless IFE）。它是将影视内容储存在飞机主机中，以舱内无线网络方式传递到旅客的手持设备（例如 iPad）上。

由于 Wi-Fi 设备突飞猛进的发展，加之无线上网的需求又日益高涨，在其他无线宽带网络技术尚待完善、设备尚待充实配套、市场尚待培育之际，用 Wi-Fi 设备组网，在急于赶上无线宽带上网潮流的地方几乎成了"必然"的选择。于是，Wi-Fi 热点的数目在世界各地不是成十成百、而是成千上万地增长，一些地方更开始酝酿在整个城市遍设热点，要建设所谓的"无线城市"。一时间，Wi-Fi 网俨然成了"天下第一网"，成为一个席卷全球的时髦潮流。

与之同步，Wi-Fi 产品的标准也发展到了"第四代"，即从 IEEE 802.11b，IEEE 802.11a 和 IEEE 802.11g 发展到了 IEEE 802.11n 标准。

这个 IEEE 802.11n 标准可非同等闲！从工作频段来说，它两个频段（2.4GHz 和 5GHz）都行，即它既可运行在单一频段，也可兼顾两种频段或在两种频段中切换。从数据传输速率来说，它有 150Mbps、300 Mbps、540 Mbps 甚至高达 600Mbps 的产品，而且又能向下兼容，与前面的三代版本的产品都能相通。而且，它还融入了一些更新的技术，例如所谓"多入多出"技术等。这种"通吃"型的产品，还愁没有市场么？所以，至 2012 年它已占据 Wi-Fi 市场的半壁河山。

不过，它的崛起，却应了"好事多磨"这个"成语"。可谓"发展迅速，道路曲折"。听听它的故事，也会引来一声感叹。

话说 Wi-Fi 市场发展迅猛，但又形成两个频段分支（2.4GHz 和 5GHz）。如果研发出两者"通吃"的产品，当然商家、顾客皆大欢喜，于是联盟内外的厂商都纷纷卖力起来。起初是探讨 IEEE 802.11a、IEEE 802.11b、IEEE 802.11g 标准的双频工作模式，逐渐又考虑引入一些新技术，于是就提出了 IEEE 802.11n 的概念（注意：那时 IEEE 的 802 工作组还没有制定出这个标准，因而也没有这样一个名称，这只是我们事后追述说有那么一个新概念而已），算起也已经是多年前（约为 2002 年）的事了。

那时，研制新产品自然是相互保密、埋头苦干，直到成品面世之后，各方制品必然会有差异，大致可分为两大类，于是也应了那句老话——"物以类聚，人以群分"。为了抢夺市场，厂商也分成两大派：一派以英特尔公司为代表，取名"TGnSync"，旗下大公司林立，例如思科、北电、高通、飞利浦、索尼、松下、东芝、三菱、三星、三洋等；另一派以德州仪器公司为代表，取名为"WWiSE"，旗下也不乏知名企业，例如摩托罗拉、Broadcom、Conexant、STMicro、Airgo、Bermai……双方分别向 IEEE 的 802 工作组递交了标准草案，希望获得支持。同时，也还有一些"单干户"也递交了自己的版本。IEEE 的 802 工作组把标准名称倒是定了下来，排序为"n"，即"IEEE 802.11n"标准。但是采用谁的版本或者另起炉灶，工作组内当然也会有不同看法，前前后后开了 20 多次会议，讨论过十几个版本，还是拿不定主意，这一拖就是好几年。

专家们可以慢慢研讨学术问题，可是市场等不及了。Wi-Fi 联盟终于站出来说话了：这样一种好东西，你们学术界总也拿不定主意，我可不等了，要开始产品认证、投放市场了。于是在 2006 年，根据对工作组意见的"理解"，该联盟拿出个"草案 1.0"认证标准，英文叫做"Draft IEEE 802.11n 1.0"，干起产品认证来了。

这一果断行动，厂商当然拥护，产品纷纷送上。联盟也越干越欢，次年（2007年）又出了个"草案 2.0"版本。3 年下来，通过两个草案版本认证的产品竟已多达 600 多种，这些产品的包装上都正式地印上了 Wi-Fi 认证标志，只是尾随一个字："Draft"（草案）。厂家热热闹闹地造，商场高高兴兴地卖，用户放放心心地买。我也曾买过好几种，性能各有高低，倒也十分好用。

这样一来，对 IEEE 的 802 工作组既是"将军"，也是促进。怎么办？专家们也没有闲着，几年来，几乎是每隔两月就开一次会，地点遍及美、欧、亚，真让这些学者专家们费尽心思了。不断修改、完善，不断协调、商讨，在各抒己见的基础上，也付诸表决过多次，但终不得其果。例如，2008 年 3 月表决，虽然

TGnSync 的方案领先，但却未达到压倒的优势；过了两月，又表决一次，TGnSync 仍未达到令 WWiSE 出局的程度。

最终，解铃还需系铃人。厂家们认识到：市场混乱不是办法，要破解这个长期的僵局，合作比对抗好。两大派决定坐下来协商，取长补短，搞出个统一方案来，这也得到"单干户"们的支持。于是，合二为一的方案终于交到了 IEEE 的 802 工作组成员们的手中。

2009 年 9 月 11 日，IEEE 的 802 工作组正式通过了 IEEE 802.11n 标准，结束了这场旷日持久的争论。其实这个"正品"与 2007 年那个"草案 2.0"也差不太多，但时间却又已过了两个春秋。正是：

Wi-Fi 联盟本一家，何必要分你我他。

只因商场太实际，谁卖产品谁得利。

从此，这类器件的认证标志上去掉了那个"Draft"的尾巴，一统江湖的日子开始了。随后这几年就是 IEEE 802.11n 标准带领 Wi-Fi 器件大展宏图的时期。根据著名市场调查公司 In-Stat 在 2010 年 5 月的一份报告预测：至 2014 年，具备 Wi-Fi 功能的电子设备总销量可望突破 35 亿台。

谁知过了两年，这个估计却显得保守了。为什么？因为这两年不仅移动设备的数据流量增长很快，而且数据流量的组成也发生了改变，视频流正在变为主体。据思科公司（Cisco）预测：到 2015 年，每秒钟将有 100 万分钟的视频内容跨网络传输；从 2010 年到 2015 年，全球移动数据流量将增长 26 倍。当然，这些数据流量并非全部通过 Wi-Fi 产生，但据专家估计，至少有一半是靠它。

这样一来，预测值又变了。市场研究机构 ABI Research 于 2012 年底宣称：到 2012 年，全球具备 Wi-Fi 功能的电子设备的累计出货总量已达 50 亿台；预计到 2017 年，市场上的 Wi-Fi 设备数量将接近 200 亿台。这个估计对不对，过两年就会见分晓。其实，50 亿也好，200 亿也罢，都是一个非常诱人的前景！

问题倒是：那么高的数据流量 IEEE 802.11n 吃得消吗？不用着急，专家们已经在商量它的接班人了，即吉比特速率（Gbps）的标准，名称是 IEEE 802.11ac。这两年已陆续有少量相关产品上市，随着市场逐渐成熟，再过些日子它就会流行起来了。

说到这里，读者可能会问：如果数据流量再增加呢？

是啊，欲海无涯，学海无边。想要创造需求、引领时尚的 IT 大公司已经行动起来了，他们于 2009 年 5 月 7 日成立了一个"无线吉比特联盟"（英文是 Wireless Gigabit Alliance，缩写为 WiGig）。其创始成员包括：超微、博通、思科、戴尔、华为、英特尔、迈威尔、联发科技、微软、日本电气、诺基亚、英伟达、松下、高通创锐讯、三星、东芝以及 Wilocity 等。他们的雄心是向 60 吉赫的频段进军，探讨多吉比特传输的高速网络技术，并于当年 12 月推出了一个第一版 1.0 WiGig 技术规格，建议排在 IEEE 802.11ac 之后，称为 802.11ad，据称目前已能传 7Gbps。60 吉赫频段最大的优点是可用带宽宽、辐射波束窄（从而定向性好），而且是一个在世界各国和地区都无需许可就可免费使用的毫米波频段！当然它也有缺点，比如这个频段的电波在空气中衰减大，而且穿透能力差，故较适合小范围（比如室内）设备互联；另外毫米波段的芯片制作难度也大。总之，技术开发、设备创新、市场推广都还有好多事要做。革命尚未成功，同志仍需努力。WiGig 联盟虽已是"强强联合"，但也感"势单力薄"了。

有道是"天下大事，合久必分，分久必合"。为了更好地"发动群众"，Wi-Fi 联盟与 WiGig 联盟商量：本是一家人，何必又分家，回来吧！于是两家于 2013 年 1 月 4 日宣布合并，WiGig 联盟的吉比特产品证认，也都纳入 Wi-Fi 联盟麾下（当然，Wi-Fi 产品与 WiGig 产品不能互联，因为两者应用频段不同），以便未来共创佳绩。果然联合起来力量大，不久就传来喜讯：IEEE 已经同意给 WiGig 的 802.11ad 戴上帽子，正式成为 IEEE 802.11ad 标准。

好了，关于 Wi-Fi 就先讲这么多。你看看，从根上讲，"Wi-Fi"本来只不过是几个公司联合起来，用"IEEE 802.11"标准去认证它们开发的某些产品的技术手段的代名词。由于顺应了技术发展或者说时代发展的潮流，不过几年时间，就"一呼百应"地发展成了一个品牌。一个事物，只要与它沾上了边，就会被贴上"Wi-Fi"的标签，连"AECA"自己也只好跟着"正名"。通俗一点说，"Wi-Fi 联盟"已经壮大成了一个"门派"。当然，并不是所有与无线局域网有关的单位都加入了"Wi-Fi 联盟"，也不是所有按"IEEE 802.11"标准开发的产品都送到了"Wi-Fi 联盟"所授权的实验室去检验。但是，你不得不承认，"Wi-Fi 联盟"给自己开辟了道路，给用户提供了方便，给消费者建立了信心，给成员拓展了市场，也给同行也做了个示范，于是发展很快，成了一个很有吸引力的、全球性的大"门派"。即便不说它已经独霸世界，但世界是在向它靠拢或者说它正引领风骚。在信息技术的发展中，这也是难得一见的精彩事例，从这里难道我们不能得到一些启示吗？

搞清了 Wi-Fi，就好谈"无线城市"了，下面就来说几句。

读者朋友，针对当今信息技术的发展，如果你问我：

问：科技媒体界最热门的话题是什么？

答：是"无线城市"；

问：信息学术界最热门的课题是什么？

答：也是"无线城市"；

问：电信产业界最热门的投资是什么？

答：还是"无线城市"；

问：城市规划界最热门的规划是什么？

答：当然也还是"无线城市"！

为什么？

时代的召唤！突飞猛进的信息技术使人们充满希望，用一句流行的话来说就是：

无线城市，无限风光。

前面已经看到，Wi-Fi 的发展导致 Wi-Fi 热点的建立，而 Wi-Fi 热点的方便（建设方便和使用方便）和实惠，又诱使人们乐于推广，于是在城市中遍设 Wi-Fi 热点的计划纷纷出炉。山景城网就是其中比较领先的一例。

为什么说它"比较领先"？

第一，它不是一个个孤立的 Wi-Fi 热点，而是由相互搭接的 Wi-Fi 热点组成了一个"无线大网"。这个网，覆盖了整个城市。在这个城市中，所有的具有 Wi-Fi 功能的用户终端都可无线上网。这就是"无线城市"的雏形。

第二，它说明了作为无线局域网技术的 Wi-Fi，是可以扩展构成无线城域网的。在其他无线城域网技术尚不成熟、器件门类尚不充分之际，这就打开了一扇通往无线城市的门，同时这也为许多后来者所借鉴。

第三，它免费。这对当时尚在摸索阶段的无线城市建设来说，提供了一个用户乐于接受的试验运营模式，也给一些后来者作了一个示范。尽管如何收回成本、怎样维持运营尚在探索之中，但事实上，不少后来者在为公众服务上走上了免费之路。

说到这里，我们必须强调一下，无线城市流行起来的功劳，既不能都算在山景城网的账上，也不能都说成是 Wi-Fi 网的功劳。说到头，它们本身也仅仅是无线城市发展过程中的"一例"，只不过占了"比较领先"的地位。但也正因在前面探路，也必然会有这样那样的不足或缺点。事实上，无线城市是一个发展中的概念，全世界都在一边摸索、一边实践，这过程还得持续许多年。在这个过程中，技术不断革新，新产品也层出不穷，一个个相对先行者的优点和不足、喜悦和辛酸，都会成为后行者的宝贵财富，使后者更为出色，再反过来推动前者改善。这也是历史的必然。

其实，广义说来，城市人、甚至包括城乡所有的人，早已生活在无线电波的大网之中。我在 1979 年写过一本书《生活在电波之中》，就是介绍有关概念，2011 年我又为它的新版增写了续篇《电波的趣事奇闻》，更进一步强调了这个概念；不论何时，不论何地，不管你知不知道，不管你愿不愿意，你都生活在天然的和人为产生的电波之中。有兴趣的读者可以找来看看。

狭义说来，即使只说人为的"无线电"，也早已不新鲜。且不说那些军用的或专业用的无线电设备，就以大众接触的设备而言，无线电通信和广播进入大众的生活，就已有 100 多年的历史；无线电视台那一个个高耸入云的电视塔，成为城市的地标，也已超过半个世纪；各式各样遥控器，也已在人们手中把玩多年……这些也都"风光无限"，难道这些"无线大网"没有笼罩城市？为什么这几年大家才热议起"无线城市"的概念？

这里有一个技术关键，那就是信息技术的高速发展，特别是电脑与通信的结合以及互联网的发展。这几年，更是三网合一、平板电脑、智能手机争奇斗艳的天下，这些进步，给无线城市奠定了物质基础。

这里也有一个文化观念，那就是"互动"的观念。想当初广播、电视都是单向的，大众都处于被动状态，而互联网的发展才使大众日益体会到互动的精彩。如果能随时随地得到，那更是精彩无限。

这里还有一个社会现实：那就是如今社会已经萌发了这样的需求，技术也已经具备了这样的条件，即把无线城域网的建设作为继水、电、气、路之后的"第五公用基础建设"，用无线网络把城市人的学习、工作、生产、生活、政府、民众、团体、个人、物流、交通、消费、娱乐、远处、近处、城内、城外、过去、现在等方方面面都联系起来。在如今的这个"无线城市"中，大众既是在使用这个"无线大网"，也是在操纵这个"无线大网"，既是它的"用户"，也是它的"主人"。这样就勾画出了一幅比较具体的信息社会的城市美景。世界各地已经纷纷行动起来，到2012年，全球已建和正在建的城市已超过500个。有的是在主要城区，有的是重点区域，在建设中探索，在实践中完善。在中国，甚至有人这样形容：无线城市已经是民心所向、大势所趋的"民心工程"，非干不可了！据称，仅中国移动通讯公司，就已与国内160多个城市签约，要为他们建设无线城市。

一句话，既然是"民心工程"，就谁也不甘落后，走在前面的当然是财大气粗、地位显赫的直辖市、省会城市和各地区的中心城市。北京借"北京奥运"和"建国60年大庆"的东风，上海借"世博会"的推力，抢先实现了中心城区的无线覆盖。其他城市也在奋力直追，这当中最突出的要算杭州。

2012年10月30日杭州市举行了一个大快人心的仪式——"杭州市 Wi-Fi 免费向公众开放启动仪式"。这就是说杭州抢先成了"中国的山景城"，即全中国第一个免费开放室外宽带无线上网的城市。初期接入终端以手机、传感器、物联网等接入服务为主。据称，这个免费网覆盖了杭州主城区220平方千米的面积（这可比山景城大得多），共有站点（AP点，即接入点）2000个（大部分也是装在路灯灯柱上），包括城市道路、街区、景区、广场、公交站台以及行政服务、交通枢纽等区域，并用铭牌加以标示。每个站点所提供的接入带宽为54兆赫，可满足15个用户同时使用，每个用户使用带宽可达2兆，无流量限制。这样，用户只要连接到"i-hangzhou"就可以在室外免费使用 Wi-Fi 上网了。不过，现在还做不到随处可上，必须在站点覆盖范围内，具体位置市民和游客可以上"杭州市经济和信息化委员会"的网站查询。该网站站址为：

www.hzjingwei.gov.cn

网站名叫"杭州市工业经济信息网"。网站上有一则《WIFI 免费向公众开放

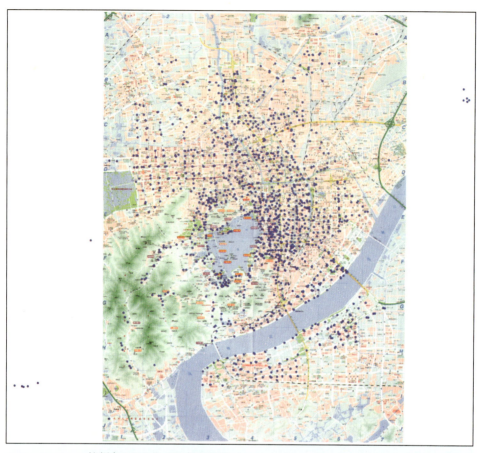

· 杭州市 2000 个 AP 点位置图

图中除主城区外，在郊区还有 14 个 AP 点。（来源：hzjingwei.gov.cn）

的首期站点公告》，在该公告中给出了"WIFI 首期开放站点列表"和"2000 个 AP 点位置图"。到 2013 年年底，站点总数增至 3000 个，并对电脑终端开放。这样就可实现整个市区免费无线上网无死角了。杭州的这一"义举"，估计将刺激那些还在收费与不收费之间挣扎的城市，使它们定下心来让民众早日受惠。

中国如此，其他国家发展也不会太慢。当然，这里不光是想不想干的问题，还要有人干、有钱干、有能力干。这方面，各国和各种媒体常有新闻报道，作为跟上时代步伐的光辉成就向你展现。读者即使不专门留意，也都会看到和听见这样的消息。

而要把无线城市相关技术问题讲全，一本书恐怕都难做到。因为正如前面说的，本质上它是个发展中的概念。就像"信息社会"这个概念一样，没有哪个人敢说"信息社会"、"无线城市"最终是个什么样。大家都可以放开思想、拼命去想。

这两年，在媒体上"智能城市"这个词又时髦起来，其实它与"无线城市"在本质上是一个概念。"无线"说的是信息的载体，"智能"说的是信息的功能，就像说"吃饭"和"肚子会饱"一样。"智能城市"可能是由"智能手机"、"智能电网"等这些单项概念推广而来。但是，单项问题比较容易界定和诠释，而城市功能千头万绪，其应用技术也千差万别，"智能"一词却是个比较模糊的概念，很难提供一个明确的形象。试问：一个城市发展成什么样子就"智能"了呢？而无线传输却是一个确切的物理概念。一个市是否已建成覆盖全市的城域网，是可以用技术指标来说明的（当然其技术也在不断地发展之中）。所以，我认为还是用"无线城市"为妥。当然，这也见仁见智，不必强求统一。

好了，关于"Wi-Fi"和"无线城市"，我就暂时说到这里为止了。本书主题非此，且篇幅有限，所以还是回过头来讲美国西部的故事。

　　比起中国来，美国的历史是如此短暂，那
是 20 几倍之差。而与中国那些动不动就有上千
年历史的市镇相比，山景城的历史就更显得短
暂了。2012 年它才建市 110 周年，真是"弹指
一挥间"。所以，要了解它的历史背景，我们
还真得稍微说远一点。

　　前几年，有一个名叫孟席士（Gavin
Menzies）的美国人写了一本书：《1421 年中国
人发现了美洲》。书中他用大量亲身的沿线访问，
来说明是中国的航海家郑和发现的新大陆比哥伦
布要早 71 年。这事在西方轰动不小、却没带来
什么改变。美国人还是宁愿相信发现美洲是哥伦
布的功劳。这是"习惯"，也是"自尊"。

　　事实上，"新大陆"的历史本来也不是从哥
伦布（Columbus）1492 年 10 月 12 日来到他
误认为是"印度"的这片陌生土地时才开始。
对当地的土著来说"新大陆"根本不"新"，他
们祖祖辈辈已在这里生活了千百年，只不过欧
洲人不知道罢了。据现在的美国历史书上说，
这些人是从亚洲经过北极圈附近现在属于阿拉

斯加的地方来到美洲的。当时白令海峡还不存在，亚洲、美洲在那儿是连起来的。可见"美洲是亚洲人发现的"，可惜当时没想到要把亚洲人的"哥伦布"名字留下来。但他的后代在美洲还大量存在却是活生生的现实。

在当时的欧洲人心目中，地球上除了欧洲，就是亚洲。所以，伟大的哥伦布先生，自己并未意识到他有了"伟大的发现"，而是满怀信心地认为到"印度"（India）了，于是就把当地人叫成"Indian"（印度人）。

他老兄这一错，就给全世界惹了麻烦，因为人家明明不是印度人。中国人聪明，不用意译，用音译，叫"印第安人"。西方人自己不方便了，只好加个形容词，叫"American Indian"（美洲印第安人）或者"Native American"（美洲土著），以便同印度的真Indian相区分。分倒是分开了，但又会造成一种错觉：好像他们真是从印度来的，也不大妥当吧？但这已是"历史的误会"，无人追究了。

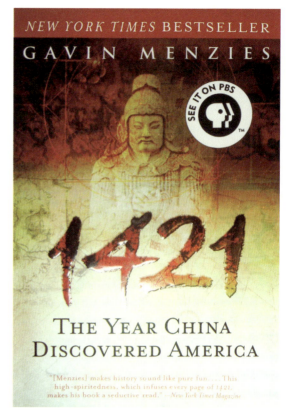

· 孟席士写的书

（来源：作者摄自原书封面）

当搞清楚那片土地不是欧、亚两个"旧大陆"之后，就叫它"新大陆"、取名"亚美利加"（America）了，从此哥伦布就成了"发现新大陆"的伟人。既然"新大陆"是欧洲人"发现"的，顺理成章也就是欧洲人的"领土"，至于 Indian 们

· 小巫见大巫

这是郑和的宝船（400 英尺）与哥伦布的圣玛利亚号（85 英尺）对照示意图。

（来源：Louise Levathes 著、邱仲麟译《当中国称霸海上》）

的意见当然不必征求。反之，如果是中国人"发现"的，那不就又节外生枝了吗？所以，还是年年庆祝"哥伦布日"为好。

于是，欧洲人就纷纷来到这块土地上。有的说是"探险"，有的说是"移民"，有的说是"找黄金"，有的说是"为宗教信仰自由"；有的空着手，有的带着枪；西班牙人从西边来（也有少数人从东南边的佛罗里达上岸），英国人从东边来，法国人从中间沿河而行。总之，陆陆续续来安家落户了。印第安人倒也大方，还教他们吃火鸡、种粮食、打猎、捕鱼，还有的充当向导，帮他们探路、寻宝，很是友好。而欧洲人也就在说了声"Thanks"、定了一个"Thanksgiving day"（感恩节）之后，对不起，这片土地归我了。未经印第安人"民主投票"，也未"广泛征求意见"。不仅如此，还要他们跟着信教，否则最好搬走，要不然"我们就不客气了"。这中间英国人还和法国人干了一仗，把法国佬赶跑了。到 1763 年，英国和西班牙"平分天下"，以密西西比河为界，西边归西班牙统治，东边是英国的天下。

话说 16 世纪时，有一位西班牙作家，名为迪蒙塔沃（Ordonez de Montalvo），他曾经描述过一个美丽富庶的地方叫做"加利福尼亚"（California）。这与"桃花源"和"香格里拉"的传说很相似。据说，1540 年，西班牙人到了美洲西部这块地方，惊叹这里犹如迪蒙塔沃笔下之境，于是就称此地为"加利福尼亚"。后来墨西哥于 1821 年独立，这片富饶的土地也归了墨西哥。那时，现在的美国加州这一片叫"上加利福尼亚"；下面还有半截，是个细长的半岛，称为"下加利福尼亚"，现在仍属墨西哥。

至于旧金山的开拓史，就比较晚一点，人们只从 18 世纪 70 年代中期讲起。早期来到北美的英国人都集中在东部大西洋沿岸，因为英国离那边比较近。1620 年 12 月 26 日著名的"五月花号"（Mayflower）载着一船英国寻求宗教自由的清教徒（共计 102 人，包括 41 个男人，其他是妇女和儿童），就是从东部现在叫做马萨诸塞州的普利茅斯（Plymouth）登陆的。其实，他们最先抵达新大陆的地方是科德角，如今是马萨诸塞州的海滨小镇，名叫普罗温斯顿（Provincetown）。不过他们并未上岸，而是继续在船上生活，这期间他们讨论和签署了一个"五月花号公约"，用以规范上岸后的行动。同时，派人下去查看有无危险，并找寻适合上岸定居的良港，最后才定下来，在顺着海湾走不远处的普利茅斯上了岸。

据说，这些人也并不是首批来新大陆的英国人。1585年就有少数英国人往这边跑了，只不过没有成功，到了1607年才在现在的弗吉尼亚（Virginia）的詹姆斯镇（Jamestown）安营扎寨。他们也不是为求"宗教自由"而来，而是想来找金子发财的。虽然并未找到，也仍留下来艰难奋斗了。不过美国的历史学家却还是偏爱"五月花号"的人们。

总之，英国人来了，并陆续在东边建立了13个英属殖民地，这要比西班牙人晚好几十年。不过哥伦布也不是西班牙人，而是意大利人，因为西班牙女王支持了他，所以地盘归西班牙。到了18世纪70年代，来到美国的英国人还生活在"水深火热"之中。他们虽然远离了英国，但英国国王乔治三世还是要"当他们的家"，让他们"纳皇粮"。这帮人千辛万苦来美洲，为的就是想自己当家，于是要干"革命"了，美国史称"美国革命"（American Revolution）。1776年7月4日他们在费城（Philadelphia）发表了独立宣言，敲响了自由钟（Liberty Ball），宣告了美国独立的决心。

但真正的独立却是在华盛顿领导下，经过了艰苦的"八年抗战"，到1783年4月16日（这一天自由钟再次欢快地敲响）才打败了英国，把美东的13个英属殖民地变成了13个州（State），进而组成联邦，成立了"美国"（United States of America，全名译为"亚美利加合众国"）。

后来，1812至1815年，美英之间又干了一仗。虽然谁也没占到什么便宜，但英国人总算认识到美国人翅膀已经长硬了，从此对美国这块土地死了心。

·五月花号

请看停在普利茅斯港的"五月花号"。当然原件已不在了，这是仿制品（左上附图为"五月花号"原型）。

（来源：作者摄于当地）

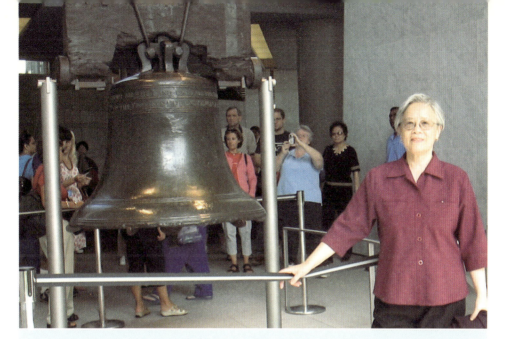

· 费城博物馆中的自由钟（来源：作者摄于当地）

　　独立后的美国，也并不安于现状。1819 年，美国又挥师东南，夺取了原由西班牙控制的佛罗里达。搞定了美国东部，蓄势向西部扩张。

　　但是，在美国有能力西顾之前，西部还是西班牙的天下。就在美国人忙着革命之际，西班牙的著名探险家迪安扎上校（Juan Bautista De Anza）奉西班牙国王之命带队来开拓加利福尼亚。他由墨西哥出发，经由如今的亚利桑拿州，从陆路过来，跨过科罗拉多河，进入加利福尼亚。

　　那时的这片沃土，除了稀稀落落地住有少数印第安人外，可以说是一片空白，不但没有人烟，连地名也是他们走到哪里就取到哪里。迪安扎带领的队伍从如今的圣地亚哥，一路北上，终于在 1776 年 3 月来到如今称为旧金山的海湾地区。他先在南端的蒙特瑞（Monterey）设了营地，然后在湾区广为探查，因此这一广大地区到处都有他的足迹。现在，在硅谷有一条街就叫"迪安扎大街"（De Anza Boulevard）；在库帕蒂诺市还有所学院叫"迪安扎学院"（De Anza

College），也算硅谷名校之一。据说迪安扎在日记中写道："3月25至26日曾在附近扎营"。

他于1776年3月28日到达如今的旧金山金门大桥南端，看见那里地势险要、风光旖旎、土地肥沃，决定在那里安营扎寨，建立屯垦区。于是，他让手下一个叫摩拉加（Joaquin Moraga）的上尉在那里设了军营，并将该地区称为"普里西度"（Presidio，西班牙文是要塞之意）。后来有关当局特别为普里西度竖了个碑，碑名就叫"旧金山的普里西度"（Presidio of San Francisco）。

在加州并入美国版图之后，100多年来，普里西度仍一直用作军营。直到1994年10月才由军方移交给国家公园管理局，变成了公园和一些国际机构的办公地。在那里有几处观光景点，向游人诉说着当地的古老和威严。

一处是当年迪安扎的部下在金门南端设防的工事，后来美军于1853年至1861年间在那里正式修建了一座堡垒式要塞。当年，它就像个"桥头堡"一样把守着淘金人潮的入口——金门海峡，后来1933年至1937年也就是从这里架起了跨越金门海峡的、举世闻名的金门大桥。

另外就是两处楼房：一处是白色的，它是1863年美军修建的一所陆军医院，1973年改设为"普里西度陆军博物馆"；另一处是红色的，它是1776年9月17日创建、后又几经扩建的军事首脑机关所在地。在普里西度移交给公园管理局之前的两个多世纪的岁月里，它一直是西部的军事枢纽和权力象征。现在那里也设了展览馆和访客中心，每周的后4天开放。

在建立普里西度的同时，迪安扎又让随军教士在附近开设了天主教区，称为"圣弗朗西斯科教区"，管辖当地居民。于是该处就成了旧金山的发源地（当然，那时并没人叫它旧金山，只是到淘金潮后，华人来此才给它取了这个名）。

除了外来的欧洲人之外，墨西哥政府也鼓励其国民移民加利福尼亚（因为有臣民居住，地盘才真正得以巩固）。于是本来只有少数印第安部落散居之地，来

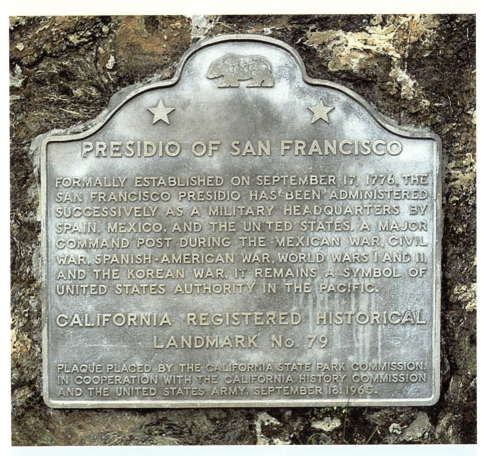

・旧金山的普里西度纪念碑

它是加州核定的第 79 号历史遗址，该碑由加州公园协会、加州历史协会和
美国陆军于 1965 年 9 月 18 日合作竖立。（来源：加州遗址网站）

碑文上说：

自从 1776 年 9 月 17 日起，这里相继成为西班牙、墨西哥和美国的军事首脑机关所在地，经历了多次战争，包括墨西哥战争、南北战争、美（国）西（班牙）战争、第一次世界大战、第二次世界大战和朝鲜战争等，它成了美国在太平洋边的权力象征。

· 普里西度好风光

这是如今普里西度的情景。它与金门桥相接，林木茂盛，是个风光旖旎的好去处。

（来源：作者翻拍自普里西度博物馆）

· 雾漫古堡

这是金门桥下的要塞遗址。（来源：作者摄于当地）

·普里西度陆军博物馆（来源：加州遗址网站）

·普里西度军事总部

这就是那个红了两个多世纪的军事首脑机关所在地。（来源：作者摄于当地）

了"喧宾夺主"之人。虽不算踊跃，但也吓跑了不少土著人。

归墨西哥管辖之后，教会控制转弱。土地开始私有化，以地主住地为核心，开始形成居民点。

1822 年，一个英国捕鲸船"奥连号"（Orion）上的水手长，名叫理察森（William Richardson），随船来到这里，上岸后就留了下来，成为该地区第一个英国移民。一晃已是十几个年头了，他手上也稍有积蓄。这时他看上一片土地（相当于现在中国城这个地区），介于普里西度与圣弗朗西斯科教区之间，属于两不管的中间地段，地点适中又离海不远，以他航海人的眼光看出这里是个很有发展前途的海湾。事实上，一直以来就常有一些船只在此停泊。

于是，1835 年，他向墨西哥的上加利福尼亚总督提出申请，想要在该处发展。正好墨西哥官方本来也有意要在这个船舶锚地附近建一个非军事的移民区，因此欣然同意，并任命理察森为该港湾的口岸主管。就这样，他带着他的夫人和三个孩子，在那里落户了。

次年（1836 年），又有一个名为李氏（Jacob P. Leese）的美国商人移居此地。以后又陆续迁来一些欧洲移民，形成了一个有一定规模的居民区。由于这一带的沙丘上遍长一种叫做"耶巴布纳"（Yerba Buena）的香草，于是理察森等人就把这个地方命名为"耶巴布纳"（也有人译为"芳草地"，但未流行）。以这一带为中心，后来就发展成了旧金山的闹市区。

再来看发展中的美国。在东部搞定之后，美国人对西部的兴趣大增，在 1840 年代开始了向西部移民。人们靠四轮大篷车，拖家带口跨过密西西比河，穿过荒无人烟的草原和沙漠，翻过落基山脉向西部挺进。于是纠纷又起：在西北边是与英国，针对俄勒冈地区；在西南边是与墨西哥，针对得克萨斯地区。这两个地区都有大战一触即发之势，但美国采取了北和、南打（或者说强和、弱打）的策略。美国与英国签了"和平条约"：平分俄勒冈地区，即靠加拿大的北边那部分归加

094

拿大（当时还英国殖民地）；靠南部分归美国，这就是现在属美国的俄勒冈（Oregon）、华盛顿（Washington）和爱达荷（Idaho）三州。

而在西南边，先是得克萨斯当地人与墨西哥打起来了，而且打胜了，结果是得克萨斯从墨西哥独立出来，成为一个相对独立的地区。但它又不愿保持中立，倒向了美国，美国当然"十分欢迎"。

1845年，美国国会通达决议：得克萨斯成为美国的一个州。这下子把墨西哥国王惹火了。于是，1846年5月美、墨两国直接打了起来。

遗憾的是，墨西哥的国王气大，军队劲小，两年下来，让美军"直捣黄龙"。1848年，美军攻进了墨西哥首都墨西哥城。结果，墨西哥不得不与美国签下"城下之盟"，还称之为"和平条约"。除了得克萨斯当然是美国的一个州这一点，不用讨论之外，条约还规定：墨西哥还得把包括上加利福尼亚、内华达（Nevada）、犹他（Utah）以及亚利桑拿（Arizona）和新墨西哥（New Mexico）这两个地区的一部分在内的大块国土统统割让给美国。这些地区后来都先后成了美国的一个州。不过美国人还算客气，同意给墨西哥政府1500万美元作为"安慰"，但附了一个条件：那片领土上的墨西哥居民也统统归美国。后来，美国又花了1000万美元买下亚利桑拿和新墨西哥的剩下的那一部分。【旁白：别看如今美国国内因墨西哥非法移民问题闹得不可开交，但在200多年前移民却是稀罕得很。因为美国当时既没有那么多人、更没有那么多兵来巩固刚得到的这一大片国土，如果这片土地上仍然是墨西哥公民在经营，那就麻烦了。所以，美国宁肯花点钱"买"下这些公民】。

至此，一个扩地、增员、东自大西洋、西到太平洋的美国出现在世界的西方。

话分两头，当时主战场虽然在得克萨斯这边，但海军却登上了旧金山这边的海岸。

1846年7月9日，海军上校蒙哥马利（John B. Montgomery）率领美国战舰朴茨茅斯号（Portsmouth）在耶巴布纳登陆，占领了该地。西海岸升起了第一面美国国旗。后来人们就把升旗的地点称为"朴茨茅斯广场"，位于现在旧金山的中国城中心，华人称之为"花园角广场"。1924 年在广场中心立了一块碑，以资纪念。

如今，这里也就成了有象征意义的升旗的地点。每年中国国庆期间，在美华侨组织都要同旧金山政府联合在这里举行升旗仪式，升中国和美国国旗，庆祝中国国庆。

蒙哥马利率领一队美国海军陆战队登陆的那条街即被命名为"蒙哥马利街"，淘金潮中它又有"西部华尔街"的昵称，以后就形成了旧金山的金融中心。

1847 年 1 月 30 日，蒙哥马利正式把"耶巴布纳"这块地方命名为"圣弗朗西斯科"，并在当地设了行政机构。不过当时规模不大，当时的人口加上登陆的军人在内也不足 1000 人；那个所谓的"广场"，也只不过是个四周是些帐篷、棚屋和牛栏的地方而已，最多算是个"集市"。而整个圣弗朗西斯科那一带就成了当时的行政、商业和文化娱乐的中心，但也算不上什么"城市"。到 1850 年淘金潮使之发达之后、特别是在加州正式成为美国的一个州之后，圣弗朗西斯科才正式建制，成为整个旧金山海湾地区唯一的一个在行政上"县"、"市"合一的城市，发展成为当时报刊所赞美的"太平洋岸边的利物浦"或"太平洋岸边的纽约"。

1894 年，在旧金山举办了"加利福尼亚仲冬世界博览会"（The California Midwinter International Exposition），使旧金山、乃至加州以崭新的面貌迎接 20 世纪的到来。

圣何塞就不同，虽然如今它的人口早已超过旧金山，名列加州第三大城市（仅次于洛杉矶和圣地亚哥），但它这个"市"却是属于圣塔克拉拉县（Santa Clara County）管，只不过是县属 15 个市镇中最大的一个而已。山景城则在该县中排行老四，排在圣何塞、桑尼维尔和圣塔克拉拉三市之后。

· 旧金山中国城花园角广场上的纪念碑（来源：作者摄于当地）

碑文上说：

就是在这里，1846 年 7 月 9 日美国战舰朴茨茅斯号的司令官蒙哥马利第一次在旧金山升起了美国国旗。

· 耶巴布纳

旧金山的发源地当初就遍布这种名为耶巴布纳的香草。（来源：google.com）

· 1865 年的朴茨茅斯广场（来源：Camerson, Robert. Above San Francisco）

· 1985 年的朴茨茅斯广场（来源：Camerson, Robert. Above San Francisco）

· 2013 年的朴茨茅斯广场（来源：作者摄于当地）

· 昔日的辉煌

　　这是 1894 年旧金山加利福尼亚仲冬世界博览会的场景。淘金潮使旧金山和加州飞速崛起，这次世博会竟然吸引了 220 多万的游客，在当年那样的交通条件下，创造了一个奇迹。其遗址在如今的金门公园内。（来源：Camerson, Robert. Above San Francisco）

除了山景城和圣何塞外，其他 13 个市如下：

金宝（Campbell，也译为坎贝尔，但湾区人习惯这么叫）、吉洛伊（Gilroy）、摩根山（Morgan Hill）、森尼维尔（Sunnyvale）、帕洛阿托（Palo Alto）、密尔比达（Milpitas）、库佩蒂诺（Cupertino）、萨拉托加（Saratoga）、蒙蒂塞诺（Monte Sereno）、圣塔克拉拉（Santa Clara，它与县同名）、洛斯加托斯（Los Gatos）、洛斯阿托斯（Los Altos）和洛斯阿托斯山（Los Altos Hills）。

那个摩拉加上尉也算是圣何塞的创始人。1777 年 11 月 29 日，他让 14 个西班牙家庭（共 66 人）来到如今圣何塞市府大楼前的那一带地区，在瓜达鲁佩河（Guadalupe）的东岸开农田、建牧场，为军营供应食物，并取名为"瓜达鲁佩河的圣何塞村"，简称为"圣何塞"（San Jose，也译为"圣何西"）。它算是加州最早形成的村镇，它的农牧产品供应着南至蒙特瑞（Monterey）、北到圣弗朗西斯科的驻军。即使在往后的 100 多年中，这里仍然是以农业为主，相继发展的工业也主要是水果、蔬菜加工和农业机械。1850 年 9 月 9 日，加州正式成为美国的第 31 个州后，立法机构也设在圣何塞，使之成了当年事实上的加州首府。后来，于 1854 年才改迁至现在的首府——萨克拉门托（Sacramento）。【注：萨克拉门托这个地名，湾区的中文报章习惯译为"沙加缅度"，这是因为老华侨的粤语音叫它"沙架免度"。我倒是觉得与"三个馒头"的发音比较相近，也好记。译音嘛，在我的书中这么叫一下，也不伤大雅，哈哈！】

"三个馒头"市的建立，应归功于一个叫小萨特的瑞士人，他是老萨特的儿子。老萨特本来想建一个以自己名字命名的"萨特镇"，但他儿子却比较开明，认为既然建在"三个馒头"河畔，还是叫"三个馒头"为妥。这事发生在 1848 年底。

由于沿河而建，因此难免遭受水灾；又由于多为木板结构，这样的闹市区，火灾危害也比较严重；再加上地震的浩劫，这里还真是个多灾多难之处。但因地处要津，它却逐渐向内陆扩展，逐渐发展成为一个较大的城市，进而成了加州首府。

如今的"三个馒头"市，比之小萨特筹建的"老城"规模，何止扩大百倍，但当地人仍以老城为荣。外地人去到该市，除了参观州府大厦之外，就是到老城观光，那里有许多名胜古迹，记载着加州的发展（有关内容我在后面将会谈到）。

别看这个老萨特在命名上拗不过他儿子，但事实上他才是真正对"三个馒头"地区的开发影响更大的人，而且在加州、在美国、甚至在世界上他也是"名垂青

· "三个馒头"老城区（Old Sacramento）一景

这就是小萨特在"三个馒头河"岸边建的老城，几经洪水、火灾、地震的浩劫，又重新修复。现在的"三个馒头"市比老城大岂止百倍。老城如今已成为市中心一个供游客观光和市民休闲的街区，有许多历史遗址可供观赏。（来源：作者摄于当地）

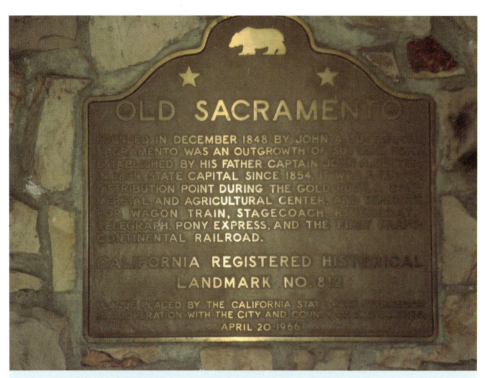

·镶嵌在老城区墙上的"三个馒头老城"纪念碑（来源：作者摄于当地）

碑文上说：

它是小萨特于 1848 年 12 月在他父亲建立的萨特堡外修建的市镇。它曾是淘金潮中的黄金集散地，当时的商业、农业中心，通信、邮递和水陆货运交通枢纽，也是第一条横跨美洲大陆铁路的起点。

史"的响当当的人物。

为什么？

因为他的名字，与一段精彩的美国历史、一段轰轰烈烈的加州发展史紧密相连，而且还可以说旧金山、圣何塞、当然也包括山景城的发展也都是拜此事之赐。

是什么事？

就是举世闻名的加州淘金潮！美国人称之为"Gold Rush"。

这个淘金潮塑造了加州，也使美国硅谷"遗传"了不断"淘金"的基因。所以，我们下面就来介绍一下这件事。

惊世狂潮

这是一个震撼世界的故事，又是一个非常有趣的传说。

历史学家斯蒂尔曼（J. D. B. Stillman）在他的名著《寻找金羊毛》（*Seeking the Golden Fleece*）中这样写道："自从十字军东征以后，再也没有一个运动像这样出名……"

现在就让我们来看看这个有名的故事吧。

话说 200 多年前，有一个名叫萨特（John Sutter）的人，1803 年 2 月 15 日出生在德、法、瑞士三国交界处的德国境内的坎顿镇（Kandern），但因为父亲是瑞士人，所以让他回瑞士上学。后来他又入伍当兵，在瑞士军中一直做到炮兵上尉。退役后他去经商，却又不善经营，欠了一屁股债。年仅 31 岁的他，只好告别妻子和五个孩子，搞了一本法国护照，从法国乘船漂洋过海，想到"新大陆"来碰碰运气。船在海上航行了两个来月，才于 1834 年 7 月中旬到达纽约。

此人倒是颇有语言天赋。你想，他生在德国、长在瑞士、又拿着一本法国护照，当然这三国语言不在话下。又打算来美洲混，于是又学会了西班牙语和英语。

到美国后，他在东部、中部、西北部到处流浪，后又北上到加拿大的温哥华，继而又去了夏威夷的檀香山，四处折腾前前后后长达 5 年。在当时那种交通不便、四处荒凉的环境下，也真考验他的毅力和勇气。终于在 1839 年 7 月，他又重新登上了美洲大陆，不过这次是西南海岸，来到了加利福尼亚的耶巴布纳。饱经沧

·萨特肖像

（来源：作者翻拍自萨特堡遗址博物馆）

桑的他，很想安定下来，寻找一块可供自己发展的地盘，创建一个属于自己的"耶巴布纳"。

1839 年 8 月，他沿河而上，来到耶巴布纳东北约 140 千米处的一个地方登陆（也就是在如今的"三个馒头"区域）。

那个地方，当时还是人迹罕至之处，连前面提到过的迪安扎也没转悠到那里。1808 年，摩拉加倒是曾经"到此一游"，看见有一条奔腾的大河，就给它取了一个名字叫"三个馒头河"（萨克拉门托河，Sacramento River）。但他也无心在此开拓，巡视一番之后，也就打道回府了。从此再也无人问津。

萨特登陆之后，看到这里气候温和、土地肥沃，虽然荒凉，但却有山、有水、有湖泊、有森林，而最令他欣赏的就是这里还荒无人烟，是一片未开垦的处女地，便于自己扎下营来，从头经营，创建自己的理想家园。

那时的加利福尼亚还是墨西哥的天下，但已感到来自美国联邦时时想要鲸吞当地的压力，为了巩固地盘，也急需有能力的人来此开发。而在当时，加利福尼亚的人口很少，粗略统计大约 14000 人。这些人大致可划分为三类：

约 12000 名墨西哥人以及墨西哥人和当地人通婚的后裔，俗称"加利福人"。

约 1200 名外国移民、猎人和商人，其中主要是欧洲移民。也有资料说还有

· 萨特登陆纪念碑

此碑塑于"三个馒头"市的"28街"和"C街"交界处的东北角。（来源：作者摄于当地）

碑文上说：

萨特就是在此以北约二百英尺的亚美

利加河（萨克拉门托河的支流）的南岸登陆。

·萨特堡遗址博物馆内展现的原始风貌

（来源：作者摄于当地）

·如今从卫星上看到的萨特堡遗址

（来源：谷歌地图）

·萨特堡遗址博物馆

它位于萨克拉门托市的"28 街"和"L 街"交界处，是一处州立历史遗址公园。

（来源：作者摄于当地）

几个华人技工和商人。

约800名土著印第安人。

在这样的人口结构中，要找比较有领导才能的人，还真不是一件容易的事。

所以，当萨特找到了当地的墨西哥执政官，表示他想在萨克拉门托河地区开发农业之时，执政官对这个精通多国语言、了解美洲情况、又曾带过兵的人印象极佳。

于是，1840年8月执政官先让萨特加入了墨西哥籍，又经过一段时期的观察，认为他有能力、靠得住之后，终于大笔一挥，就把萨特看上的那一带将近5万英亩（约相当于200平方英里的范围）的土地封给了他，从此萨特就正式成了他登陆上来的这片土地的合法主人。

萨特喜笑颜开，踌躇满志，到处招兵买马，开始兴建他的农业王国。

招来的人中多数是为他卖苦力的当地人和一些"散兵游勇"。经过他的组织和培养，几年下来成绩十分显著，不但开辟了农场、牧场，培植了果树和葡萄园，而且还建起了一个颇具规模的"萨特堡"，形成了居民点。他也就理所当然地成了当地的父母官。

让我们来看看萨特当时达到的规模，官方统计的数据如下：

人口（临时来客和外来房客除外）共283人。其中：

白人成年207人（其中妇女47人）；黑人成年1人（男性）；印第安人（经过他培养的熟练劳力）65人（其中妇女15人）；还有10个小孩（其中女孩7个）。

牲畜：牛20000头，马2500匹，羊2000只，猪1000头，骡70匹。（家禽未计）

产业（除"萨特堡"和农、牧场、果园外）：

马拉磨坊3间；水车磨坊2间；皮革厂1间；房屋60间；锯木厂1间。

这个规模，在当时的加州可是一个"庞大的帝国"，因为那时圣弗朗西斯科也才几百人，而当时在"三个馒头"地区，除了他的这些"臣民"之外，也就不过百把人了。所以萨特可以说是意得志满，为了填补乡愁，他甚至还兴奋地称他的领地为"新海尔维"（New Helvetia，这是因为在瑞士的历史上曾一度成立过"海尔维共和国"。这与老华侨称居住地为"唐人街"类似）。

在这些产业中，锯木厂的建设特别值得一提。

1845 年，正当萨特在谋划开发附近山区的林业资源的时候，来了一个能人，名叫马歇尔（James W. Marshall）。

这个马歇尔也是一个不甘寂寞的人。他于 1810 年 10 月 8 日出生在美国东

·画家笔下的萨特堡原始风貌

部新泽西州一个富裕的农家，而且还是长子（下面有 4 个妹妹）。他本可以继承父业，在东部安居乐业，但却压抑不住想看看外面精彩世界的冲动，于是在 24 岁时毅然离开家乡，走上了一条不归路。

他在中部几个州闯荡了 10 年，本来在密苏里河流域经营农业也小有所成，但据说是当地瘴气影响了他的健康，医生建议他换个地方。于是他结束当地的事业，向西部进发。辗转了几个月，他于 1845 年 7 月中旬终于来到加利福尼亚，碰到了萨特。

萨特了解到他能做木匠活后，十分欣赏，邀请他负责萨特堡的修整以及拟议

· 马歇尔的肖像及其亲笔签名

（来源：作者翻拍于马歇尔发现黄金遗址博物馆）

中的锯木厂建设。为此还帮他在萨克拉门托河畔买了两块地，又提供牲畜给他安家。马歇尔也安下心来，开始他的第二次创业。

冬去春来，马歇尔刚刚理出一点头绪。1846年5月美墨战争爆发了，加州也有人乘机揭竿而起，打出一面画着一颗五角星和一头狗熊的"熊旗"，要搞"加利福尼亚共和国"。不甘寂寞的马歇尔也参加了起义队伍。

当然，正如前面已经提到的，墨西哥败了，墨西哥从此退出北美。"加利福尼亚共和国"也未折腾多久，但那一杆旗，经过美化后却成了如今的加州州旗，"以资纪念"。

本来萨特也是支持加利福尼亚共和国的，也曾拿出他的法国护照、升起法国国旗，希望受到美国的"尊重"。不过当美国兵毫不客气地冲进萨特堡之时，识时务的他也就顺服了，从此成了美国公民。

1847年年初，马歇尔回到家中，举目一看，四壁凋敝，田荒了，牲畜也不知去向。他的第二次务农，不了了之。于是，马歇尔只好收回心来，专心为萨特建锯木厂。他在萨特堡以东几十千米处，一个名叫"可落马"（Coloma，媒体常译为"科洛马"，我是用"可落马"，因为马歇尔在此落脚了，好记）的地方找到一块"宝地"。这里依山傍水：山，是内华达山脉的西坡，林木茂密；水，是亚美利加河（American River，有人译为"美国河"，我认为不妥，因为早在美国成立之前，它就有这个名字了。即先有它，后有美国）的南系支流，水流湍急。

如果在这里建锯木厂，既靠近森林资源，又可以利用丰富的水利资源，用水力带动水车，用水车带动木锯，一举两得。萨特哪有不依之理，连声称赞马歇尔聪明能干，决定赶快进行，并又给他配备了一个名叫温默尔（John Wimmer）的助手。于是，马歇尔招募了5个印第安人和17个摩门教徒，在1847年8月28日开工修建。工程分为三部分：

一是开辟一条由萨特堡到可落马锯木厂的可走篷车的便道，取名为"可落马路"；

二是挖一条从亚美利加河到水车轮下的进出水沟；

· 亚美利加河
亚美利加河有北、中、南三系，这就是它的南系支流。（来源：作者摄于当地）

三是修厂房和安装水车、木锯。

马歇尔和温默尔都住在工地。温默尔还带上了老婆和孩子，他老婆就负责给大家做饭。

一切按部就班进行，到1848年新年前夕基本完工，但却发现通到水车轮下方的那条水沟，还需加宽、挖深，以方便水车轮的安装和运转。于是，在圣诞节和年假过后继续施工。

常言道：无巧不成书。1848年1月24日（也就是墨西哥把加利福尼亚等地割让给美国的前9天），清早起来，马歇尔的心情特别舒畅，于是照惯例去查看水沟挖掘情况。行进间，在清澈见底的浅水处，他看到有几个黄澄澄的东西在阳

· 加州州府大楼中州长办公室门前的铜熊

如果你来到加州，你可能只有到动物园才可以看到真的熊。但是，熊却是加州的基本标志，在州旗、州徽上，在各种纪念碑上，你都可以见到它。（来源：作者摄于当地）

光下闪烁。起初他也未在意，又走了几步之后，突然他心中灵光一闪："难道是金子？"

他不敢相信自己的眼睛。于是他立即把手伸进寒冷的水中，拾起一颗来仔细端详。接着他就迫不及待地喊一个印第安人去工具棚里给他找个罐子来。而后他又继续在附近捡了约有半盎司的"黄东西"，就去干活了。但早上的"发现"却一直在他脑际回旋。（注：1 盎司 =28.35 克）

晚饭后，他终于忍不住了，他向几个年轻工人喊了一声：

"小伙子们"，

然后又喃喃地说：

· 加州州旗
拉开来请你看清楚，加州州旗是什么样子。（来源：作者摄于萨克拉门托加州州府大楼内）

"我认为我发现了一个金矿。"

得到的回应是：

"我想未必，""没那么好运吧？！"……

他耸了耸肩，没有再说什么。

临睡前他去把通向水沟的闸门打开，让河水畅流。

次日，他仍然一早起床，独立去到沟边。他先关上水闸，断掉急流，然后走到水沟终点，又看到了半尺深的水底有东西在闪烁。他俯身拾起一块，比昨天的还要大点。

常言道："没有吃过猪肉，也听过猪哼哼。"马歇尔虽不是矿物学家，也未曾穿金戴银，但金子的基本特点还是知道一些。他再次与心目中金子的特点进行比较。他发现：它是金黄色而且沉甸甸的；在朝阳下，它发出动人的闪光；他再用两个石块对着它敲打、挤压，发现它可以变形，却又不破碎。

"是金子，真是金子……"他自言自语的嘟囔着。

但他仍然不敢相信这是真的。于是他再拾起几块，回到工棚继续研究。

后来他又到厨房去找到温默尔的老婆，他们把他捡来的"黄东西"用水煮、用火烧，都无变化。

"金子！金子！就是金子！"马歇尔终于这样喊了出来。

他走向工地，又叫上几个人去帮他找这种东西。半小时后，人们给他送来了一小包，大约有3盎司。

这些摩门教徒似乎无动于衷，也没有问他捡这些东西来干什么，然后就继续去干活了。

马歇尔把工地的事作了一番安排。两天以后，他牵出心爱的坐骑，冬日的山区正下着大雨，但马歇尔用布包了一半样品，放进裤兜，翻身上马，义无反顾地冲进雨幕，向萨特堡奔去……

萨特堡中的萨特，正在他的办公室中思考着他的"农业帝国"的未来，他醉心于他的果树、谷物、牛羊和磨坊，想象着新修的锯木厂开张后可能的收益。这时，门房前来报告：

　　"锯木厂工头马歇尔有要事求见"。

　　下面是 1848 年 1 月 28 日萨特在他的《日记》中的记叙：

　　这是一个雨天的下午，马歇尔冲进我在门岗隔壁的办公室。他不顾衣服湿透、手脸淌水，却激动地要求我马上去"密室"，说要同我单独谈谈。

　　我对他的出现感到意外。因为前两天我刚派人给他送去了我认为锯木厂所需的一切。我很难想象能有什么事促使他骤然来访。不过我还是带他去了我的私人办公室，它与我的卧室相通。进屋后，我顺手把门掩上。

　　"门锁上设有？"马歇尔问。

　　"没有，"我答道，"如果你需要我可以锁上。"

　　虽然我知道他是个古怪的人，但我信任他，我认为他一定是有什么秘密的事想对我讲。

　　他问道："就我们俩？"

　　"当然！"

　　"请给我两只装上水的碗。"他要求道。

　　我按铃叫仆人送了进来，然后锁上了门。

　　"我还要一根红木棍和线绳，以及一些铜箔。"他又说道。

　　"你要这些东西干啥？马歇尔！"我不解地问。

　　"我想作杆秤。"

　　"可是，马歇尔，"我说道，"我的药铺里有的是秤。"

　　"呵，我没想到。"他尴尬回应。

　　我出去拿了秤回来，顺手带上房门，却没有锁。我觉得实在没这个必要。这时马歇尔神秘兮兮地把手伸进他的裤兜，往外掏一团白布包的东西。正当他要打开给我看时——

突然，门开了，一个职员走了进来，他好像要干什么，却不知道我们在这儿。

"呀！"马歇尔一边慌忙地把东西塞回裤兜，一边嚷道："我就是怕有人偷听。"

我叫职员退出，又把门锁好，并安慰他不要担心："这是偶然的，你继续吧。"

他重新掏出他的神秘物，打开包布，握在手中，伸到我面前说："我发现了它。"

"它是啥？"我问。

"金子。"马歇尔答。

"啊，不！"我疑虑地说，"这不可能！"

"我认为不可能是别的，你再看看。"马歇尔争辩说。

我仔细端详他说的黄金样品，总共约有 1 盎司多一点，亮晶晶的。最大的约有豌豆那么大，小的则只有大头针头那么点儿。

这时，马歇尔又嘟囔说："我认定是金子，可是锯木厂却有人讥笑我，说我财迷心窍，想钱想疯了。"

我回应他："是有点像金子。好吧，让我们来鉴定一下。"

我到药铺里去取了一些硝酸来试，样品没有反应。

马歇尔提出找一些银屑来。我们秤了相同重量的样品和银屑，把它们放在盛水的碗中。样品下沉了，而银屑却漂在水面。

我又到书架上找到百科全书，翻阅还有什么可试的办法。在把我们能做的都做了之后，我终于肯定地对马歇尔表态：

"是的，你捡的真是金子，地地道道的黄金！"

马歇尔欣喜若狂，兴奋地拉一下我说："走吧，让我们马上去可落马！"

这时，天已黄昏，雨还在下着，寒风也正劲。我拍拍马歇尔潮湿的肩膀说道："就在堡中过夜吧，你也该换件衣服、吃点东西了。明天上午我安排一下，同你一块去。"

可是，马歇尔急不可待，他也不吃东西，辞别了我，纵身上马，蹄声嗒嗒，消失在暮色中……

（来源：作者摘译并综合整理自两本传记：Erwin G . Gudde , *Sutter's Own Story* 和 Julian . Dana , *Sutter of California*）

其实，山区可能有黄金的事，对萨特并不新鲜。几年前就曾传过南加州洛杉矶那边发现了金矿，可是后来动静都不大，也都没了下文。一两年前也曾有人对他说过：内华达山区也可能有金矿。甚至有搞地质的朋友劝他投资探金矿，他也无动于衷。因为他醉心于发展农业，对意外横财兴趣不大。

可是，这次他有点在意了。倒不是他回心转意，而是担心如果锯木厂地区真的产金，那不仅他的锯木厂计划会泡汤，而且他预感人们会离开他的牧场、农场和果园，加入淘金者的行列，那时他的一切心血都会付之东流。

· 马歇尔发现黄金原址（来源：作者摄于马歇尔发现黄金遗址公园）

·加州发现黄金一百周年纪念邮票

这是 1948 年 1 月 24 日美国邮政局发行
的面值为 3 美分的纪念邮票，画面为萨
特锯木场，文字是"加州黄金百年纪念，
可落马萨特锯木场，马歇尔在当地发现
黄金，开始了淘金潮"。

（来源：作者集邮册）

所以，第二天一早，他也就带卫士和两个印第安随从赶往可落马。

半路上，他看到前方灌木丛后有个人影，他问随从看到没有，随从说："好
像是昨天来找你的那个人。"

果然，行至近处，他看到了马歇尔。

他吃惊地问道："你昨晚才走到这儿吗？出了什么事？"

"不，"马歇尔说："我回到了锯木厂，过了一夜。我怕你今天不来，所以
一早又想赶去堡里，请你一块来。"

他们一起回到锯木厂工地。马歇尔请萨特稍事休息，他却去叫挖水沟的工人
们停工上岸。然后，他打开水闸放水，湍急的河水欢跳地沿着水沟冲进又排出，
马歇尔的心也随着阵阵欢跳，他预感到他将为老板作一场精彩表演。约半小时后，
他关上了闸门，然后去请萨特。

他们一同下到残留着浅水的沟里，萨特也看到了那种黄灿灿的颗粒，不一会，
他们就捡了约一盎司。马歇尔欢笑着抬起头来，正欲向萨特表功，却看萨特满面
愁容、若有所思地看着掌中的金砂发呆，也就把话噎回去了。

萨特一直在锯木厂留到2月5日才回堡。在可落马期间，他巡视了附近的山山水水。他终于不得不承认：

这儿真的有黄金！

但他却高兴不起来。他是个忠厚的人，在临走前，他把所有在锯木厂工地的人召集在一起，对他们说：

"我要宣布一件事：根据我的观察和判断，在你们挖掘水沟的地方，马歇尔在1月24日捡到的黄色颗粒，的确是金子，而且是质量很好的金子。虽然我无权规定你们的行为，但是我希望你们在上班时间安心工作，让锯木厂工程完满收工。同时，我请求各位把这里发现黄金的消息，保密6个星期，不要外泄。我在此谢谢大家！"

为什么要保密六个星期呢？概括地说他有两个打算：

其一是，可落马这个地区，并不在他的"领地"之内，他打算与控制该地区的可落马部落签一个协议，把锯木厂地盘扩大成12平方英里的范围（请别误会：他并不是想独吞这地方的黄金）。他的本意是：一来保证锯木厂建成后的森林资源和运输通道；二来他天真地想，如果将来附近地区涌来淘金客时，锯木厂地区他仍能保持控制，不致一片混乱；

其二是，不仅锯木厂还未完工，他还有磨面粉的磨坊也正在修建，都需要时间。

他回到堡中之后，就立即派人去办第一件事，而且顺利地办成了。因为可落马部落本来也顾不上那些地方，而且最令人惊讶的是他们在那里生活多年，居然未发现那里有黄金。

【旁白：顺便说一下，我查了许多资料，想回答一个疑问：为什么萨特对开采黄金没有兴趣？可是我一无所获】。

读者朋友，你认为萨特控制得住发现黄金的消息吗？

正如美国谍报权威杜勒斯说的："两个人知道的事，就没有秘密。"何况可落马发现黄金之事，现在已经不是两个人知道了。

不久，亚美利加河上发现黄金的流言传遍了整个山区，又顺着河水冲向"三个馒头"、冲向圣弗朗西斯科、冲向海洋，一个轰动加州、震撼美国的狂潮开始酝酿，聚集着能量并准备席卷全球⋯⋯

1848年3月15日，圣弗朗西斯科的《加利福尼亚人》报【注：该报英文名是"Californian"，它是当时该地仅有的两份周报之一】。在显著位置刊登了一则惊人消息：在萨特堡主的锯木厂地区发现数量可观的黄金！

"天上掉馅饼"的事，人们一定不信；"地上捡黄金"的事，人们又怎能不怀疑？

果然未过几天，正当人们将信将疑、议论纷纷之际，当地另一份更有影响力的周报《加利福尼亚之星》（California Star）就登出了一篇该报编辑肯伯（E. C. Kemble）的署名文章，说他去了所谓的黄金发现地，看到的是一片田园风光。河水奔流、空气清新、树木成林、牧草茂盛、花香鸟语、牛羊成群，他奉劝读者不妨到此一游，当然不是为了金子。

许多年后，有文章说他"如果不是瞎子，那就是别有用心"。不过一切已经不重要了。几个星期后，当这个报社的工人都随大溜奔向可落马时，它也就关门大吉了。而最讽刺的是，促使这个潮流发生的不是别人，正是该报的老板，他的名字叫布朗南（Samuel Brannan）。正是他，吹响了淘金潮的"冲锋号"！美国人把他载入史册，他也因此名垂千古。

这又是怎么一回事呢？

这事既关键、又复杂，且听我慢慢道来。

1819年，布朗南出生在东部的缅因州（Maine），后来成了一名虔诚的摩门教长老。为了"寻求宗教自由"，他于1846年春（也就在马歇尔捡到金子的前两年）带领一些摩门教徒，乘坐450吨的"布鲁克林号"（Brooklyn），由纽约出

· 萨特锯木厂的原始风貌

上层放木锯，下层放水车。原来的厂房早已在淘金大潮中被彻底翻了个个儿，这是后来根据实地考察和马歇尔当年的草图修的仿真品。但为便于参观，也未建在原址。原址紧靠河床，现在该地建了一个纪念石壁。（来源：作者摄于马歇尔发现黄金遗址公园）

发向西，于 7 月 31 日抵达圣弗朗西斯科。那时美国国旗在朴茨茅斯广场上也不过才飘了 3 个星期，而且圣弗朗西斯科那时也还不叫"圣弗朗西斯科"，而是叫"耶巴布纳"。他们这一船共载有 238 人（包括成年男女和儿童），一下子就让圣弗朗西斯科的人口翻了一番。所以，他也就成了这一地区颇有影响的人物。他不仅在萨特堡附近开设了萨克拉门托地区的第一家商店，而且还于 1847 年 1 月 9 日在耶巴布纳办起了当地第一份报纸，也就是那份《加利福尼亚之星》，这是一份

·竖碑纪念

这是建在萨特锯木厂原址的纪念石壁及镶嵌的加州史迹纪念碑。

（来源：作者摄于马歇尔发现黄金遗址公园）

同时用英文和西班牙文出版的周报。在 1 月 9 日出的第一卷第一期的抬头上标明的出刊地址还用的是"耶巴布纳"，在 1 月 30 日出的第四期上就改为"圣弗朗西斯科"了，并刊登了当地最高长官—— 美国海军上校蒙哥马利将"耶巴布纳"正式改名为"圣弗朗西斯科"的消息。

　　这份报纸虽然寿命不长，在历史上的作用却不小。由于那时缺乏权威机构的正式记录，所以它所登载的消息就成为后来这些年描述当时情况的重要依据。特别是关于旧金山在淘金潮前的人口和规模，《加利福尼亚之星》的记载几乎成了"唯一的"书面依据，并为后来大量的书刊所引用。

例如，它在 1847 年 8 月 28 日报道：截至当年 6 月底，有关旧金山的统计数据如下：

人口：总计 458 人。其中

　　　白人——男 247 人，女 128 人；

　　　印第安人——男 26 人，女 8 人；

　　　岛民——男 39 人，女 1 人；

　　　黑人——男 8 人，女 1 人；

商户：总计 41 家。其中

　　　药房 1 家，面包房 3 家，铁匠铺 2 家，造雪茄店 1 家；

　　　旅店 2 家，木匠铺 2 家，制桶店 2 家，制家具店 1 家；

　　　枪店 1 家，杂货店 7 家，屠宰场 3 家，钟表匠铺 1 家；

　　　磨房 2 家，鞋匠铺 1 家，裁缝铺 2 家，库房 8 家，印刷社 2 家；

年底报道：人口增加到将近 800 人。其中

　　　男人 473 人，妇女 177 人，学童 60 人。

不过，对布朗南而言，报纸也只是他的一项投资，出报之事由报纸的主编去管，而他则是全力以赴地去做买卖。

有道是"运气来了挡也挡不住"，这话正应在布朗南身上。虽然他的眼线（报纸）并没有提供准确的消息，但好事却自己送上门来。

这日，一个人进了布朗南的店，嚷着要威士忌酒。布朗南对他十分熟悉，他是萨特堡的大篷车车把式，名叫韦特默（Jacob Wittmer），是萨特的乡亲——瑞士人。但布朗南对他却不怎么感兴趣，因为他是个酒鬼，常常喝多了钱却不够。

"对不起，请先付钱，我们不赊账。"布朗南说。

"给你！"韦特默理直气壮地把一个小包放到桌上。

"拿回去！"布朗南不屑地顺手把小包拨回。

韦特默抓起小包，打开送到布朗南眼前说："你看清楚！"

布朗南看到一小撮细碎的黄东西，问道："这是什么？"

"金子！"

"金子？你的意思——这是金子？哪里来的？"

"当然，可落马有的是。"

"怎么可能，别骗人了，回去拿钱吧，酒才有的是。"

"不信你去问萨特堡主！"韦特默有些急了。

布朗南与他对视了一瞬，转身吩咐店员：

"给韦特默先生一杯威士忌。"

然后拿起那包东西出了门，径直向萨特堡大门走去。

他边走边掂量手中的东西，觉得它沉甸甸的。他想：也许真是金子？但韦特默哪里来的？难道锯木厂发现黄金的传说是真的？难道萨特堡的人都……

布朗南有这样的疑问，我想读者朋友可能也有同感，大概也会问：难道萨特的"保密"号召没有作用？难道锯木厂的人们撕毁了他们的承诺？难道萨特堡的人都去淘金了？

不，不是！如今的萨特堡依然一片平静，一切如常；可落马的工人们也还在紧张地挖水沟、装水车。那些印第安工人是那样的朴实，那些摩门教工人又是那样的虔诚，他们没有辜负萨特的信任，一直到3月11日锯木厂完工之时，他们都信守承诺：努力工作，"保密"6周。

那么，韦特默哪里来的金砂？

原来这漏洞出在没有参加那次会议的女人和孩子身上。

事情是这样的。锯木厂的材料和给养是用大篷车由萨特堡沿可落马路运去。萨特由可落马回堡后，过了几天又准备了一些锯木厂的急需品，打发韦特默驾大篷车送去。

韦特默运到后，卸车之时，跑来一个浑身尘土的男孩，满脸兴奋地对韦特默说：

"叔叔，要不要我给你看个好东西？"

这孩子他熟，是马歇尔的助手温默尔的老大。每次他送东西来工地，温默尔的老婆都会给他炒两样菜，这孩子还会围着他转、抢着给他酙酒。他也会给孩子带点小玩意儿来。所以，两人挺亲。不过，这次出车，天刚放晴、路不好走，他真的有点累了。所以，他有点不耐烦地说：

"去，去，去！我现在正忙，没时间理你！"

"你看，我有金子，真的！"孩子并未理会他的烦躁。

"哪来什么金子，一边玩去！"他正转过身来，想把孩子推开，却看见一只脏兮兮的小手上，托着两颗黄澄澄的颗粒，伸在他面前。

"谁会给你什么金子，不要烦我！"他又好气、又好笑，正抬起手来，想在小手上拍一下。

不料，小手反应很快，一下缩到背后，对他吼道："我爸给的，他捡了好多！"

这一来韦特默警觉了，伸手抓住小孩说："拿来我再看看，真是金子？"

"不信你问我妈，"韦特默本来就在伙房旁边卸货，这时小孩转头委屈地对房里高声喊道："妈咪！妈咪！叔叔说我的不是金子！"

温默尔的老婆出来了，韦特默向她点了点头。

孩子跑过去拉着他妈的衣裙焦急地问："叔叔说爸爸给我的不是金子。你们骗我的吧？"

"真是金子？"没等他妈开口，韦特默已抢先问道。

"是的，是金子。"温默尔的老婆肯定地答道。

"怎么回事？"韦特默接着问。

"真是金子，上次萨特先生来这里时，他说这种东西就是金子。他走了以后，不少人就去河里、山里找，他爸也去了。"

"他们都不干活了？"

"谁说的？不是！是收工以后！"温默尔的老婆稍显激动地继续说："而且也不是每个人都去、每天都去。大家也不急，只要细心，不难找到。"

"啊，原来这样。"应了这声后，韦特默继续卸起货来。温默尔的老婆也牵着孩子进屋去了。

两天后，韦特默驾着篷车回到萨特堡，口袋里装着大约 2 盎司金砂。

现在回过头来再说布朗南。他边走边想，还未理出头绪，已经到了萨特堡门口。他请门房通报：求见萨特先生。

萨特对他很客气。因为他是萨特堡旁边唯一不属于萨特的商店店主。

布朗南拿出那包东西给萨特看。

"哪里来的？"萨特略感吃惊地问。

"韦特默拿它换酒，说你可证明这是金子。真的吗？"

萨特拿起小包看了看，又掂了掂，而后冷冷地说："金子，是真的。"

布朗南眼睛一亮："这可是个大新闻，萨特堡主！那里多吗？"

"是不少，我想。"

"这一来，有幸接触的人，可都要发大财了！"布朗南缓慢而兴奋地叹道。

"也许吧。"

"这事应该对你最有利吧？"布朗南趋向前去说道："让我握握你的手吧，堡主！你将成为加利福尼亚最有钱的人！"

"是吗？"萨特不置可否地哼了一声。

回店的路上，布朗南百感交集，他意识到：

机会来了！

第二天，他迅速地赶往可落马，当然他也就捡到了金子。证实了这一切之后，他又迅速地赶回店中。这时，商人的灵感提醒他：应该马上行动起来！

干什么？难道去淘金、挖矿？

不，是去囤积居奇！

他要去造一个属于他的、只此一家别无分号的"聚宝盆"。他闭上眼睛，想象着：成千上万的淘金客，一边拼命地淘金挖矿，一边争先恐后地把淘来的金子倒入他的"聚宝盆"中，那是一幅多么美好的画卷啊！

· 布朗南的住房

它坐落在萨克拉门托老城的"J 街"112 号，也是一处加州核定的历史遗址。

（来源：作者摄于当地）

他回到萨克拉门托后，先将市场上现有的淘金工具全部买下，囤积到自己的店里。【旁白：作家卡普兰（David A. Kaplan）在他的书《硅童们和他们的梦之谷》（*The Silicon Boys and Their Valley of Dreams*）中赞叹地说："这一招恐怕连比尔·盖茨都会敬佩万分。因为你可以把那时的淘金工具想象成如今电脑的操作系统。"】。随后他又囤积了许多粮食和日用品。等他办妥这一切，再去到圣弗朗西斯科之时，已经是两个多月之后了。

5 月的圣弗朗西斯科似寒乍暖。1848 年 5 月 12 日，布朗南春风满面地来到朴茨茅斯广场，一手拿着他捡来的一小瓶金子，一手挥舞着帽子，在迎风飘扬的美国国旗下，高声大喊：

金子！金子！金子！

快来看，黄灿灿的金子！

在亚美利加河上淘出的金子！

……

他疯了吗？不！

在没有电视的年代，这是为他的"聚宝盆"做广告。他不用号召人们到他的店里买东西，也不用说自己的货有多好，只需煽起人们的发财欲望，就足够了。

这一招就比现在电视上、网上的一些自吹自擂、夸大不实的广告强多了。如今，你还能看到这样的身影：如果你到硅谷来，在一些十字路口，不时还会见到，一个彪形大汉（有时还穿上奇装异服）挥舞一个巨大的牌子，指向希望你去的方向。

可想而知，接下来会发生什么——这个不足千人的小镇沸腾了！船员弃船、工人停工、商人歇市、农民放下锄头、甚至连医生和律师也都放下手中的工作，市民们奔走相告、相约而行，带上脸盆、锅铲以及手边一切自认为可供应用的器具，抢购一切盒子、铲子、滤网等可用来淘金的工具，迫不及待地向萨克拉门托、向可落马、向亚美利加河涌去……

第一波加利福尼亚淘金潮开始了！

这就是美国历史上所谓的 1848 年淘金潮，一个自发的、地区性的、相对比较"文明"的淘金梦开始了。

当然，布朗南的囤积也见效了。奇货可居，随着需求的增加，他以几倍、十几倍、几十倍、甚至成百倍的价格销售着他的货物。例如铲子 50 美元一把，鸡蛋 1 美元一个，马铃薯 1.5 美元一磅……据当时记载，仅五六月份，他的货物就为他换来价值 3.6 万美元的黄金。

也许你对这些数字不太敏感，那就对比一下吧。在那个年代一个英国技工月薪不过 24 美元，一个农牧民每月平均能挣 10 美元，从中国广州到美国圣弗朗西斯科的三等舱船票也不过 50 美元，几百美元就可以在圣弗朗西斯科买一块海滨地基。

但那样的售价并未让淘金者却步。因为货虽贵，可金也易得。有个"不太贪心"的淘金者这样说："我一天能拾到装满半帽子的黄金，就心满意足了。"当时矿区也无犯罪记录，人们各自寻、觅、挖、淘，所得也随地放置，无人看管，也无人偷窃。这是因为淘和挖很容易，偷窃却很丢脸。黄金好像伸手可得，人人有份。早来的人，一天可淘得价值几百美元的金砂和金块；有个幸运者在一天里发掘到价值 15000 美元的黄金；更有传言说有个名叫麦克肯特的牧人，因追赶一头牛，居然踢到一块金石头……

黄金黄金，触目惊心，磁力巨大，都来淘金。

小的成沙，大的成块，水里可淘，山里可采。

随手捡来，竟可成袋，此等好事，哪个不来？

于是，可落马变了，加利福尼亚变了，美国变了，世界也变了。

在可落马黄金遍地的消息，像神话一样向四处扩散，又像磁石一样吸来各方的人群。加利福尼亚各地的人来了，邻州、邻国的人也来了。大家都来实现自己心中的黄金梦。

与此相反，萨特和马歇尔的创业梦却破灭了，因为他们无法阻止蜂拥而来的淘金客。他们开辟的"可落马路"，成了淘金客寻梦的"黄金路"；他们选择的锯木厂工地，成了淘金客安营扎寨的"福地"。半年之中，围绕锯木厂就建起了三百多间房屋和一间酒店。可落马发展成了一个热闹的小镇，一个淘金客的乐园。

据统计，仅在 1848 年这大半年的时间里，估计就有价值 1000 万美元的黄金被淘、挖出来。

贪心的淘金客们，不仅淘干了萨特锯木厂附近每一段河床，挖遍了周围每一寸土地，最后居然连萨特锯木厂的地基也未放过，把它也翻了个个儿！然后，他们又向更远处扩张，去别处的河段淘、去另外的山区挖……

当人们在西部忙得不亦乐乎之际，各种流言也终于传到了美东。但是，东部人还沉浸在美墨战争胜利的欢乐之中，对这种流言大多嗤之以鼻。不信者认为这是坊间笑料，人们议论着："墨西哥刚把那片地方割让给我们，就说那里遍地黄金，果真如此，墨西哥人舍得吗？要有，墨西哥人也早拿走了"；半信半疑者认为言过其实，"大概政府想大家向西部移民吧"；当然，也有人愿意相信，但也认为尚待确认。因此，即便纽约的报纸《纽约先驱报》（*New York Herald*）在 1848年 8 月 19 日正式刊登了西部发现黄金的消息。还是没有"感动"多少人。有文献说："在 1848 年，只有 8 艘船的船东认为从美国东岸驶向圣弗朗西斯科是值得的。"

· 可落马天然黄金的样品（来源：作者摄于可落马发现黄金公园博物馆）

转眼到了年终。1848年12月5日，当带领美国赢得战争的英雄总统波尔克（James Polk）站在美国国会庄严的讲台上，对聚精会神的议员们宣布："加利福尼亚真的发现了大量黄金"之后，全美国哗然了，全世界骚动了！

第二波加利福尼亚淘金潮开始了！

这就是美国历史上所谓的1849年淘金潮，一个世界性的、贪婪和梦想结合的、个人自发和公司开采混杂的、持续多年的、疯狂的淘金梦开始了。

东部的美国人这下沉不住气了，纷纷打点行装，迫不及待地向西部、向加利福尼亚、向诱人的"新黄金国"冲去！人们都希望能赶在别人前头，去发黄金财。

一份报纸这样形容：

全国上下如痴如狂，农田任它荒芜，房子盖到一半也算了，所有的工作都停下来，大家都忙着打造铲子和滤网……

资料显示，在波尔克总统发表《国情咨文》后的两个月内，就有90艘船由美国东岸的各个港口向加利福尼亚驶去。1849年4月，已有20000人渡过了密西西比河，聚集在密苏里州，等待雪融后继续前进，以完成向"新黄金国"4000多千米的征途。

在这里，我要提醒读者朋友，千万不要用对现代交通的理解，去想象从美东到美西的旅程。在那个火热的淘金年代，没有公路，没有铁路，更没有飞机。陆路上只有原始的四轮篷车（美国人称之为"Wagon"），却还没有一条完整的路；水路上也没有漂亮的游轮，最好的也不过就是早期的邮轮，而且航路漫长。

在当年，摆在成千上万淘金客面前的，其实只有三条路：

第一条，走水路。从美东港口出发，绕过南美洲南端的合恩角（Cape Horn，也有人译为"喇叭角"，那里已接近南极圈了，其困难可想而知）到圣弗朗西斯科。从大西洋转到太平洋，航程约18000多海里（约29000千米）。按当时轮船的水平，即使天公作美，也需3个月。

第二条，走陆路。即由东到西横跨美洲大陆，例如从纽约到圣弗朗西斯科，全程约 2600 英里（约合 4184 千米）。这条路说起来简单，走起来复杂，其艰苦和危险程度并不亚于前者。要爬高山、过荒原、穿沙漠、跨河流，没有城镇、一片荒凉，沿途气候多变，粮、水供应都有困难，而且有时还会遭遇印第安人袭击（许多印第安人心怀不满，因为白人占领了他们的家园）。即使一切顺利，也得走上半年。早在 1843 年曾有许多东部家庭相约于密苏里州的独立城（Independence），他们分乘 120 辆篷车，组成一条浩浩荡荡的所谓"篷车列车"（Wagon Train）向西部进发。不过那时他们并不是去加利福尼亚，而是去俄勒冈，因为那里有大片森林和沃土。这一趟就走了半年才到，美国历史把他们探索出的这条由东到西的路称为"俄勒冈捷径"（Oregon Trail）。在淘金潮时期，也有许多人是循着这条路转向加利福尼亚的。后来人们又探索到更直接的路，就称为"加利福尼亚捷径"。

第三条，水陆交替。由美东港口乘船，穿过加勒比海，到巴拿马大西洋岸边登陆，然后穿越巴拿马地峡（注意：那时还没有巴拿马铁路和运河，穿越地峡的铁路在 1855 年才修通，而运河更是到 1914 年才开通），到巴拿马的太平洋岸边，再乘船从太平洋航行到圣弗朗西斯科。这条路最危险的就是地峡的热带丛林，地形复杂，气候多变，再加上蚊虫、鳄鱼、强盗出没，交通工具只有独木舟和骡子。也许有人想到，在巴拿马登陆后可从陆路进入加利福尼亚，但这会面临穿过整个中美洲，行程超过 5000 多英里，更是一个充满危险和艰辛的选择。

但是千难万险也阻止不了贪婪和梦想：不少人倒在途中，殁于海上；许多人到达了矿区，开始淘金岁月。

与此同时，外国人也争先恐后地加入淘金者的行列。加拿大人、墨西哥人、中南美洲人到加州是"近水楼台"；英国人、西班牙人到美洲是"轻车熟路"；澳大利亚人、日本人及亚洲其他国家的人也不怠慢，中国人也挤了进来。总之，各国都有人自发地向美洲西部这座金山奔来，汇成一股浩浩荡荡的世界性淘金狂潮。

1849 年 2 月，当"加利福尼亚"号轮船驶进圣弗朗西斯科这个简陋的渔港时，全船的人（包括船长、船员在内）通通弃船，向黄金矿区奔去，这就是所谓的第一批"49 年淘金客"。人们奔进了梦寐以求的"金山"的大门，于是圣弗朗西斯科湾那个面对大海的门户就有了新的名称 ——"金门"（Golden Gate）。若干年后在它的上空架起了举世闻名的金门大桥。

据统计，仅 1849 年一年中，就有 777 艘大小船舶驶进"金门"。接着，还会有成百上千的船只从美东、欧洲、亚洲、澳洲驶来。后来这些船均被丢弃在码头，无人理睬。几年后城市发展，它们就成了填地基的材料。如今在旧金山海边的一些楼的墙上还刻着"这里填埋着某某号船"等字样。

这些船，载着充满梦想的人群。他们登上岸后又与从陆路来的、同样充满梦想的人群相汇合，形成一个浩浩荡荡的洪流，向"三个馒头"、向亚美利加河、向内华达山脉冲去。

"洪流"所到之处，人口都呈爆炸性增长。1849 年 7 月，已有 15000 人在矿区淘金。到年底，已有 53000 人抵达加利福尼亚。次年（1850 年）9 月，淘金人数已接近 10 万。

就在这个火热的淘金季节，1850 年 9 月 9 日，美国国会兴高采烈地通过决议——把黄金产地"升格"为美国第 31 个州，加利福尼亚州正式成立了。

也就在这样疯狂的淘金大潮下，萨特和马歇尔的创业梦破灭了，而布朗南的发财梦却变成了现实。他达到了月进 15 万美元的经营规模，很快就成了加州的第一位百万富翁。

当然，这样的好事也不可能由布朗南一人独占，不少人也加入了为淘金客和矿区供应工具、粮食、日用品等商品的行列。有资料显示，一把铲、一个淘金铁盘的价格，最俏时竟可达原价的 1500 倍！

· 萨克拉门托市萨特堡起点处的可落马路纪念碑（来源：作者摄于当地）

· "可落马镇"锯木厂终点处的可落马路纪念碑（来源：作者摄于当地）

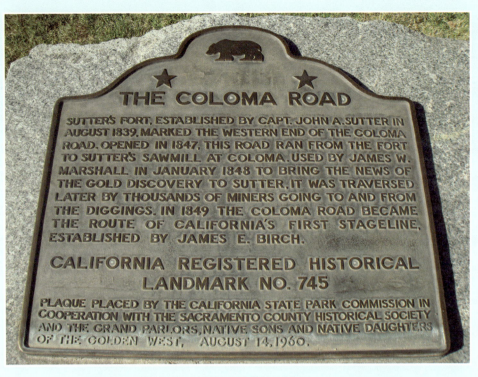

· 可落马路两端的加州历史遗迹纪念碑放大图（来源：作者摄于当地）

碑文上说：

> 这条路于 1847 年开通，马歇尔正是由这条路去萨特堡向萨特报告发现黄金的消息；淘金潮中成千上万的淘金客也是由这条路往返矿区；1849 年它又被开辟为加州的第一条驿道。

几年下来，这些商人中的佼佼者就成了巨富。在这些商人中，最突出的就是所谓投资修建太平洋铁路的"四巨头"（The Big Four）。这四人中就有一个后来当了加州州长，又创办了斯坦福大学，他就是利兰·斯坦福（Leland Stanford）。关于他们，后面还会提到。

还有一个商人，他既不经营淘金工具，又不卖油盐柴米，而是靠卖用帆布做成的、矿工穿的裤子发了财，这个人叫李维斯（Levis Strauss）。那种裤子就是牛仔裤的前身，当时叫"李维斯工装裤"，后来经过布料和制作工艺的多次改进，就成了如今流行全球的牛仔裤。

在这股浩浩荡荡的淘金洪流中，也涌动着华人的身影。19世纪的中国，清朝政府的腐败无能以及列强的疯狂掠夺使得民不聊生，加之太平天国运动爆发，战乱和灾荒使一些沿海居民、主要是广东的居民被迫向海外谋生。美西发现黄金的消息，当然有更大的吸力。于是，他们背井离乡、结伴而行，当时大多数是以"契约劳工"的形式流向"金门"的。

读者朋友，别以为走的人都认为"外面的世界很精彩"，其实他们的心中有着更多的无奈。那码头上父老乡亲惜别的眼神，那妻儿们频频挥动的手臂，永远魂牵梦系在他们的心头。他们是要出去奋斗、拼搏，来反哺那苦难的妻儿，来回馈那动乱的故土。即使远在天边，他们都在殷殷地期盼，期盼着祖国富强、期盼着合家团圆的那一天……

在那样一个混乱时期，对华人来美情况，当然也没有完整的记录。许多年后，才有热心人结合实地调查和一些老华侨的回忆搜集整理出了一些片段的资料。在这些资料中，我看到的比较全面的是陈依范著的《美国华人发展史》。按该书的说法，1849年有325名华人到美国西岸，一年后又来了450人。而到1852年已有20026人抵达加州。高潮期间总共来了多少人，没有见到统计资料。但大潮退后，根据1860年的人口普查，还停留在加州的华人总数为35000人，是当时

· 美国的高速帆船"飞云"号（Flying Cloud）

这被认为是 19 世纪中期最快的蒸汽机帆船，它创造了 89 天从纽约到旧金山的航行纪录。（来源：Ray，Milton S. San Francisco Since 1872, Before 1872）

人数仅次于黑人的少数民族。

据说，当时一艘太平洋邮轮的三等舱平均可容纳 1400 个乘客，一张从中国广州到美国加州的船票约为 30~50 美元，如果顺利的话 60 天就可到达（比从美东到美西还快）。

华人来到这异国他乡，谈何容易，连地名叫起来都别扭。"圣弗朗西斯科"，时时要叫，可它又长、又绕口。既然是冲着金山而来，不如就叫它"金山"。后来澳大利亚的墨尔本附近也发现了黄金，也有了"金山"。别搞混了，澳洲的新，加州的旧，那就在"金山"前加个"旧"字吧。于是，美国加州的圣弗朗西斯科市，就有了一个既非意译、又非音译的"正式"中文名称——"旧金山"。

在此顺便提一下，后来孙中山闹革命，曾数次到旧金山来争取华侨支持。作为"粪土当年万户侯"的革命领袖，可能他认为"旧金山"这个叫法充满"铜锈味"吧，因此在他的文章中译为"三藩市"。过去汉族人、中原人常称外族人、边地人为"藩"。不懂粤语的人，也许会迷惑——是指旧金山有三股藩人吗？其实他是用他的广东中山乡音，近似音译。当年来美者多为广东人，故这种叫法在美国也比较流行。与此相应，还有把洛杉矶音译为"罗省"，把萨克拉门托（"三个馒头")音译为"沙架免度"（沙加缅度）等。此外，由于华人由华来美，是先到旧金山，再去"三个馒头"，故又常称旧金山为"大埠"、"三个馒头"为"二埠"。不仅如此，甚至还有一个地方叫"三埠"。此本名为玛丽庄（Marysville），离萨特堡只有几十里路，原本是萨特领地内的一个河边牧场。淘金潮中那里也成了来往矿区要津，发展成为仅次于圣弗朗西斯科和"三个馒头"的第三大重镇，甚至还有要把它建设成"太平洋畔纽约"的奢望。许多华人矿工就是由这里分散去往各个矿区。据说孙中山在1909年也曾来此，住了一个月，与在美华侨共商反清大计，所以得了一个"三埠"的外号。在那里，华人还曾建有一个"北溪庙"，既解乡愁，又祈平安，一度香火鼎盛。可惜由于洪水肆虐加上淘金潮退潮，一切都已成为回忆。"三埠"也盛况不在，如今只不过是北加州一个有点古迹的小城而已。好了，不多说了，反正都非原名，怎么叫，也就是个代号而已，方便、流行即可。

书归正传。话说淘金客来到矿区，成千上万的人，当然不可能都挤在可落马附近（事实上两年以后那里已荒无人烟，成了一座"鬼镇"），也不可能只在一小块地盘上淘金。当年，他们是散布在所谓"母亲矿脉"（Mother Lode）的长约200英里的主要产金地带内（该地带的产金量占总产金量的80%以上）。这一地带即现在"三个馒头市"的东北部49号公路沿线区域，南起玛丽波萨（Mariposa），北至内华达城（Nevada City）。走上49号公路，你自然就会联想起那火热的1849淘金年，也许公路局就是有意要用"49"来纪念吧。据统计，当年这一带大型矿区达30多个，大大小小的矿工营地多达2500余处。

淘金方式则由初期的盆淘、手挖，升级到后期的机械、水力开采；由离散的各自为战，发展到后期的公司经营。最高潮是前五年，到1852年要采金就已经比较困难、需要更好的开矿设备和技术了。1859年内华达州的弗吉尼亚城（Virginia City）发现了银矿，人们就"转移阵地"，涌向新的矿区，使那里发展成为当时"地球上最富裕的地方"。加州的淘金潮也就退潮了。但是，金矿公司组织的深挖细采，还又持续了好几十年。

在这些年的开采中，到底挖出了多少黄金，没有人（也不可能）有精确统计，因为整个高潮期的开采基本上是处于一种无政府状态。有资料说粗略估计在头5年共出金1200万金盎司（即约373吨）。据说最大的一块金居然重达88.45千克，在当时约值43500美元。在随后的几十年中，又出金约3100万金盎司，约合964吨。（注："金盎司"与"盎司"不同，1金盎司=31.103克）

160多年后的今天，如果你有兴趣沿49号公路走一遭，你还会感受到当年淘金潮的气息。因为那里有很多地名都会唤起人们的探索欲望，都有一些动人的故事。下面就让我们来看几个有趣的片段。

事实上，当年这条49号公路的路线，人们就俗称为"黄金路"，它沿着内华达山脉的西坡山脚蜿蜒而行。而这片内华达山脉实在是西部的一块宝地，不仅盛产黄金，而且风景如画。如今淘金潮已成往事，但是这里仍是加州的旅游胜地，著名的太浩湖（Lake Tahoe）和优胜美地国家公园（Yosemite national Park）景区都在这里。读者朋友，如果你到加州，这些地方不可不游，何况还可以顺便看看曾经轰动世界、给加州带来繁荣的黄金发现地。

如果你开车从萨克拉门托的萨特堡出发向南再向东，不过几分钟即可进入50号州际高速公路。你可别小看这条车道不算多、车也不太挤的50号公路，若论长度它可是美国高速公路的老大，是一条连结美国东、西的纽带。它从萨克拉门托一直向东，曲曲弯弯、跋山涉水，一会变宽、一会变窄，拦腰穿过美国西、中、东部十三个州，来到首都华盛顿，然后又穿过它最终到达大西洋岸边的大洋城（Ocean City）才算罢休。不过，别紧张，你不必开那么远，只需向东走不到一个小时，就会到达一个叫"金砂庄"（Placerville）的地方。在淘金大潮中，这附近也是重点矿区之一。据说。投资修建太平洋铁路的"四巨头"之一的亨廷顿

内华达城

玛丽庄

太浩湖

可落马镇

亚美利加河南支

马歇尔发现黄金遗址公园

金砂庄（吊死镇）

萨克拉门托（三个馒头）

S. 50 号公路

墨菲斯

天使营（蛙镇）

中国营

优胜国家

49 号公路

加利福尼亚州

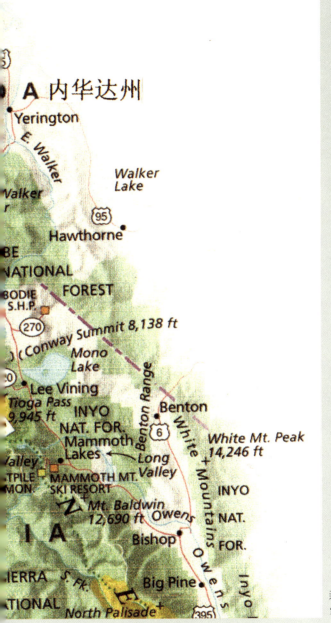

·北加州的49号公路沿线是淘金潮中"母亲矿脉"所在地。（来源：作者用《美国国家地理》杂志内华达山脉的地图标注）

（Collis P. Huntington），就是在这个地区做买卖时挣得"第一桶金"。

这个地方本来的名字也并不如此风雅，而是叫"吊死镇"。为何会取如此难听的地名？稍微解释一下你就会明白。

试想想，那些远渡重洋或翻山越岭而来的人，九死一生、历尽艰险、甚至倾家荡产来到这里，怎么能空手而归呢？那时的加利福尼亚，既没有一个健全的政府、也没有一个完善的法规来管理这一切，因此淘金秩序全靠自己维持。据说当时"为了公平"曾有每人圈 8~10 英尺的地段各自为战的约定，有运气好的"日进斗金"，也有倒霉的"颗粒无收"。淘金地区，社会秩序混乱，打斗时有，盗贼也横行。当年在那个地方，有三个人偷了矿工的金子。人们群情激愤，又无官可报，就把他们吊死了。这个地区也因此有了一个不雅的地名——"吊死镇"（Hangtown）。还过这倒也起到了"杀一儆百"的作用。所以，如今在进入该市的路口，还竖着一块醒目的路牌，并特别提醒路人，它还有这个"光荣称号"。

据美国历史记载，1849 年淘金远不如 48 年淘金那么"文明"。1848 年的淘金客主要来自加州及其相邻地区，并未远离家门，他们是来自近处的"羊"（温驯的寻金者）。而 1849 年后的淘金客却是来自远方的"狼"（贪婪的猎财者）。在加州淘金史上有一个专有名词 ——"49ers"。如今旧金山还有一支职业美式足球队就叫这个名字，这既有纪念当年淘金之意，又寓意他们是一支势在必胜的队伍。人们习惯性地叫它为"49 人队"【旁白：别误解成他们是 49 个人，是指他们是像"1849 年淘金客"那样拼命的人】。另外，美国史书上还常把来加州的淘金客称为"阿耳戈"（Argonaut，这个词的本义是希腊神话中寻找金羊毛的英雄）。

从"吊死镇"无论向北或向南拐弯，都是拐进 49 号公路。

现在，就让我们先从金砂庄驱车沿 49 号公路南行。沿途你会发现一些稀稀落落的市镇，它们许多都是当年淘金客的聚集地。让我们走进一个小镇去看看，因为美国文豪马克·吐温（Mark Twain）当年也曾来到这里。这个地方叫"天使营"（Angels Camp）。

　　这里可以说是母亲矿脉的核心地段。最初，有一个从东部罗德岛来的商人，名叫亨利·安琪儿（Henry Angel），在这里开了一个店。后来，又来了一个美国大兵，名叫乔治·安琪儿（George Angel），又在这里发现了蕴藏大量黄金的矿脉。这样一来这个本来只有300人的矿地，一年中人口爆涨至5000人，成了一个较大的矿工营地。既然是两个"Angel"（天使）开辟的这个营地，它的名字自然要用"Angels Camp"（天使营）了。

　　这里还有一些十分有趣的传说：

　　据说有一个叫阮百瑞（Raspberry）的杂货店主，在擦枪时走了火，打到一块石头上。当石头炸开后，他发现当地有金子，于是"顺藤摸瓜"，三天之内挖

· 金砂庄的路牌

路牌上写着：欢迎来到金砂庄，"原吊死镇"（Old Hangtown）。（来源：作者摄于当地）

了价值 10000 美元的黄金。

还说有一天，一个黑人小伙子来到当地，很有礼貌地问正在玩牌的矿工："请问哪里是挖金子的地方？"

那矿工开玩笑地顺手一指："就在那个山坡后面。"

其实，那里是他们几个已经挖过的地方了。谁知一星期后，人们发现那个小伙子的袋子里装满了黄金。

传说有真有假，但天使营有许多黄金却是真的。即使在淘金潮退潮以后，金矿公司在天使营矿区还又深井开采了 40 年（从 1880 至 1920 年）。现在那里还是一个住有 3000 人口的小镇，而它的地下，有着"密如蛛网"的坑道。翻开它的地图，你会看到许多地方画着矿井的标志，写着某某矿井。这是一个人们怀旧探奇的旅游胜地。

再来说说马克·吐温与这里怎么扯上了关系。

1860 年，25 岁的克莱门斯曾在天使营小住几日【注：马克·吐温是笔名，他的本名是萨缪尔·兰亨·克莱门斯（Samuel Langhorne Clemens）】。他看到这里的矿工以青蛙跳高比赛来进行赌博的趣事，产生了灵感，后来写出了他的成名之作《卡拉维纳斯县的著名跳蛙》（*The Celebrated Jumping Frog of Calaveras County*，简译为《卡县名蛙》）。文中描写他受人之托，到天使营的一个小酒馆去打听一位神父的下落，却碰见一个爱唠叨的人，给他东拉西扯地讲了一个赌徒的故事。这个赌徒遇着什么都跟人打赌，后来他训练了一只青蛙跳高，与别人赌 40 美元，结果却让别人算计了。这篇文章文词风趣幽默，于 1865 年 11 月 18 日在纽约的《周六邮报》登出后，"整个纽约顿时大笑"，年轻的马克·吐温"一举成名，成为全美闻名的幽默大师"。后来 1867 年 4 月此文又收入到他的第一部巨著《卡县名蛙及其他故事集》之中，并被译成多国文字，成为马克·吐温的传世佳作。

· "卡县名蛙"的名信片（来源：michelsworld.net）

天使营就是卡拉维纳斯县的一个县属市。正因为马克·吐温这篇名著的"抬举"，才使西部矿区这种原始的娱乐活动"跳蛙"，得以在当地持续至今，成了天使营每年的节庆活动。每年五月的第三个星期的最后几天为"跳蛙节"（Jumping Frog Jubilee），举行跳蛙节的地点被命名为"蛙镇"（Frogtown）。

2010年4月21日是马克·吐温逝世一百周年纪念日，这年的天使营跳蛙节选在5月13日至16日举行。主办方还在风景优美的公园开辟了营地，供世界各地喜欢露营的游客使用。

由天使营顺49号公路再往南走，还有一个营地，名为"华人营"（Chinese Camp）。顾名思义，这里住过华人。

据说1849年当第一批华工抵达矿区后，就被安排到此安营扎寨。这里原来叫"华盛顿营"，后来华工日益增多，最多时曾有多达5000的华人矿工在此居住，因此改称"华人营"了。这个华人矿区持续时间相当长，1860年时不少矿区已退潮，这里仍然继续开采黄金至1870年。据记载这里产的黄金折算成当时币值约合250万美元。如今华人营已是人去营空，风光不再，居民也不足200人。我开车进去，也未遇见华人。但有许多废弃的旧房，还可见证当年华人的沧桑。

这条路上还有许多与淘金潮相关的有趣地方。

例如最南端的玛丽波萨，那儿有一个馆藏颇丰的"加州矿业博物馆"，很值得一看。

又如墨菲斯市（Murphys），那里不仅出产了黄金，而且出了个著名科学家米切尔森（Albert Michelson，也有译为迈克尔逊）。他1852年出生在普鲁士一个犹太商人家庭，童年即随父母移居美国，父亲在矿区做干货生意，所以他是在墨菲矿区上小学，又在旧金山上中学。据说他中学毕业后，上不起大学，就"游荡"到了首都华盛顿，机缘巧合居然在白宫门前巧遇出来散步的格兰特总统。后来他于1869年被推荐去美国安纳波利斯的海军学院学习。

在那里他学了物理，毕业又留校任教，并开始钻研光速测量。19世纪80年代初他又赴欧洲进修，先后在柏林大学、海德堡大学、法兰西学院做研究。1883年回国后在俄亥俄州克利夫兰市的凯斯应用科技学校（Case School of Applied Science，Cleveland，Ohio）任物理教授，其间他同任教于西方储备大学

・华人矿工遗物

在博物馆里陈列的当年淘金华人用过的物品，如镜子、天秤等，木箱上还有中文字。背景画的是当年来西部用的大篷车。（来源：作者摄于马歇尔发现黄金遗址公园博物馆）

（Western Reserve Univesity）的莫雷（Edward Morley）用自制的光学干涉仪精确地测定了光速，从而否定了以太的存在。为此瑞典的诺贝尔评奖委员会决定授予他 1907 年度诺贝尔物理学奖，这使他成了美国第一个获此殊荣之人。关于他，我们后面还会谈到。

【链接：读者朋友，你可别小看这个凯斯应用科技学校。自从出了这个美国第一人之后，它就有了得诺贝尔奖的"基因"，从那以后就成了得奖大户，迄今为止已产生 16 位诺贝尔奖得主（其中物理学奖 4 名，生理学和医学奖 8 名，化学奖 3 名，经济学奖 1 名）。该校由慈善家凯斯（Leonard Case Jr.）于 1880 年创立，1947 年改名为凯斯理工学院（Case Institute of Technology），1967 年又与西方储备大学（Western Reserve University）合并，再改名为凯斯西储大学（Case Western Reserve University）。

· 风采照人
这是美国第一个诺贝尔奖获得者—米切尔森，1873 年在海军学院毕业班对着镜子为自己画像。
（来源：San Francisco Observed）

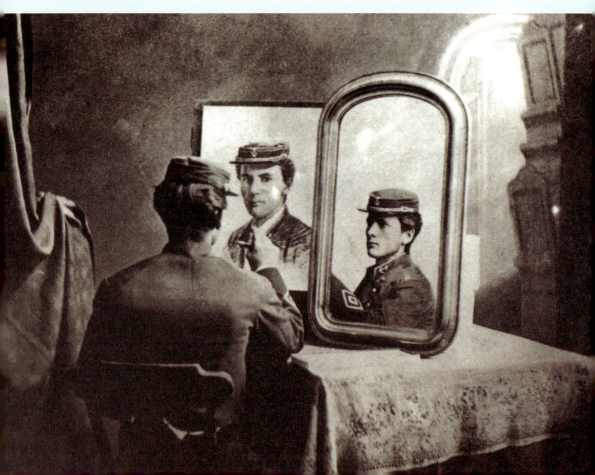

在美国众多大学中，其排名始终保持在前 50 名之内，是一所研究型私立大学，研究生多于本科生，例如 2011 年其研究生为 5620 人，本科生为 4016 人。该校生源来自美国 50 个州和 91 个国家和地区，当然也包括中国】。

好了，现在让我们回头从金砂庄拐向北方去看看。

向北这一段路，干脆就叫"可落马路"（Coloma Road）了，因为它将带你到那个有名的可落马镇。当你在山里拐来转去、拐上"七七四十九"个弯后，在你昏头昏脑之时，突然眼前一亮，"金光闪闪"的产金地——"马歇尔发现黄金州立遗址公园"（Marshall Gold Discovery State Historic Park）到了。

当然，你在那里已经捡不到金子了。但是，你可以在它的入口处的陈列馆里看到金砂、金块、金矿石，看到与当年淘金客有关的点点滴滴。

走进那个占地 220 英亩的州立公园内，你就会感到你走进了加州的历史画卷之中。你会看到马歇尔的纪念塑像，他的手指向人们注目的、也是他终生难忘的、发现黄金的方向；看到那个引起轰动和梦想的萨特锯木厂；看到马歇尔的小木屋以及那些坛坛罐罐；看到那条曾经异常繁忙的可落马路的终点；当然，你一定会去找马歇尔当年的拾金地，看看那落叶斑斑的产金水洼……

不过，我却建议你：一定要下到亚美利加河边，即使不参加青少年们的顺河漂流，也一定要沿河走走，吸吸它那醒神的水汽，看看它那清澈的流水和那些激起水花的石头。它们都会唤起你对那个疯狂年代的无限遐思……

在本节结束之时，有必要向读者交代一下故事中三个主角的结局——三个人最终都以贫困收场。萨特的"农业帝国"梦，被浩浩荡荡的淘金"铁蹄"踏碎了，最后回到东部，靠政府的养老金度日；马歇尔也没有淘到黄金，晚年在小木屋里为游客在他的照片上签名，向孩子们讲述那无尽的淘金故事；富极一方的布朗南也因离婚和商业纠纷而破产，留下了一个无言的结局……

淘金潮终于成了历史。回首往事，人们发现：这实质上是又一次自发的、大

· 欢迎光临马歇尔发现黄金州立遗址公园

这里只是公园的入口，欢迎牌后面只是间当年小学的遗址。还要开车进去一段路才能到它的访客中心，那里有个小型的博物馆。再往深处走才是萨特锯木厂，有个大停车场，从那里才开始探幽之旅。

（来源：作者摄于当地）

规模的向美洲的移民。上一次是发现新大陆后的移民，那是一个开创性的、探索性的、不慌不忙的移民过程；这一次却是目的地集中的、猎财性的、争先恐后的移民过程。上一次开发了美国东部和大西洋沿岸；这一次开发了美国西部和太平洋沿岸。淘金潮吹响了美国均衡发展的号角，奠定了美西起飞的金融、人力和技术基础，也为西部的未来种下了冒险、进取的发展基因。

现在，还是让我们来轻松一下吧，听听美国民歌的乡音。它们描写那个疯狂的年代，充满激情、带着感伤……

马上就到旧金山，

我要凝神四处寻。

当我找到黄金块，

拿起就往兜里存。

我要淘干河流，

我要挖遍山岗。

满载而归把家还，

所以啊，兄弟！别悲伤。

啊，加利福尼亚！

那是为我安排的地方。

我要去萨克拉门托哟，

把脸盆放在膝盖上……*

【＊当时锅碗瓢盆都成了简易的淘金工具】
（来源：作者摘译自美国民歌 *Oh! California*，即《啊！加利福尼亚》。
它是用民歌《啊！苏姗娜》的曲调填词，但却流行开来）

欢乐的风为加州吹，

萨克拉门托金成堆。

合恩角饱含冰雪泪，

我们去那里发财归……

（来源：作者摘译自美国民歌 *Sacramento*，即《萨克拉门托》）

他们游过大河，

他们翻越高山。

他们露宿在荒原，

他们击退印第安。

饥荒和无助，

他们咬牙挺过。

瘟疫和屠杀，

他们斗胆向前。

他们不顾一切呀，

要去加州那边……

（来源：作者摘译自美国民歌 Sweet Betsey from Pike，即《心肝贝齐来自派克》，
"Pike" 是美国密苏里州的一座小镇）

100 多年后，人们在萨克拉门托塑了一座萨特像。

你看，他背靠着以他的名字命名的医院，面对着他创建的萨特堡，手里握着他建立梦想王国的蓝图，脸上却带着迷茫。为什么？因为他在思索：

到底是

梦想在追逐着机遇？

还是

机遇在等待着梦想？

是啊，对于他，曾经是梦想在望、机遇在握。他要建立他梦想中的新海尔维王国，而又有着遍地是黄金的机遇，真可以说是万事齐备、而又不欠东风。所以，连布朗南都预言他将成为加利福尼亚最有钱的人！

可是 ……

如今，人们塑像立碑表彰的是他那开疆辟土的创业精神，同时也在提醒人们：

胜利绝不会眷顾那些空有梦想、而在机遇面前踌躇不前的人；

胜利只属于那些紧紧抓住机遇、努力打拼去实现梦想的勇士！

在加州、在西部，或者缩小一点，在旧金山湾区、在硅谷，有着太多这两种人的传奇故事。那就让我们继续往下看吧。

· 萨特塑像
它坐落在萨克拉门托市萨特医院的西南角，街对面就是他亲手创建的萨特堡。
（来源：作者摄于当地）

沸腾的西部

读者朋友，你可知道美国西部有金、银、铜三州？金州，不言而喻，是指掀起淘金狂潮的加利福尼亚州。那么，银州、铜州呢？其实它们分别是指内华达州和犹他州。

在古代，金、银、铜是硬通货，秤斤秤两那就是钱！虽然沉甸甸的，但贵重、贵重，"贵"就要"重"。比起轻而携带方便的纸币、银票来，金属货币却要可靠得多，特别是在动乱时期。记得在我少年时，这些货币都还在流行。金币贵重，多为收藏，市面较少流通；银圆却很普遍，俗称"大洋"，从清朝的龙洋，到"袁大头"、孙中山、"蒋光头"通用，"袁大头"还分"睁眼"、"闭眼"；铜板那就更普遍了，既是日常流通货币，也是小孩手中的玩具，男孩子都喜欢"打铜板"的游戏；再下来就是成串的外圆内方的铜钱，俗称"小钱"，也用过所谓"镍币"。而纸钞则是法币、金圆券、银圆券，飞快贬值，用处不大。后来也无商家愿收了。

记得当年在成都，最普通的小孩零食是带壳的炒花生和橘子，通常不是论斤卖（因为摆摊的穷得连秤也买不起），而是论"堆"卖，一堆就是用绣花的竹圈为限，堆到不溢出为止，一个铜板一堆。也有提个大篮子卖凉拌大头菜夹锅盔（相当于北方的烧饼），也是一个铜板一个；也有用锅盔夹凉粉，如果锅盔里夹的是夫妻肺片，那就比较贵了。还有就是转糖饼，摆摊的人是将土法提炼的饴糖熬成糊状，用勺浇在一个石板上，形成各种形状，最简单的就是圆圆的小饼，其次有鸡、狗、牛、羊，复杂的有龙、凤、猪八戒、孙悟空（在当年这很普通，而现在会干这行的已经是要被"抢救"的民间艺人了），用带指针的转盘博彩，一个铜板转几次，转到什么得什么。

如今，世界各国金、银币都不流通了，但都还在不停地铸造，做成各种"纪念币"，鼓励民间收藏。"小钱"却还流行，不过变成了所谓"硬币"，材料用铜的也不多了，否则材料比面值本身还贵，所以都用其他金属铸造了。例如，美国1美分的硬币，其铸造成本却是1.6美分。但又取消不了，因为美国的商家喜欢用".99"的尾数给商品标价，据说是消费心理学研究过的。例如，标"1.99"的货，就比标"2.01"的货好销。

总之，说了这一通，不只是为了回忆一点往事，而是说明：金、银、铜就是钱，而美国西部有的就是这些可当钱用的宝藏。

· 世界各国硬币举例（来源：PCS,US）

想当初，相对于美东的发达和文明，美西是落后和粗犷的。但西部却有那么得天独厚的条件，矿藏丰富，简直就是个天然金库。挖出来就是钱，不发达也难！所以，从淘金潮开始，美西沸腾了，进入了热火朝天的开发岁月。从采矿业，到交通业，到国防工业和航空工业，再到电子工业；从开采金银，到炼沙成晶……

一个风风火火的美西，成就了一个风风光光的美国，也在全世界掀起阵阵狂澜。现在就让我们来稍微回忆一下早年西部的沸腾岁月吧。

淘金潮，首先带动的是加州的人口增长。全球各地蜂拥而至的淘金客，使原本不过1万多人的加州，1850年就增至9万多人（人口普查的数据是92597人）。高潮时究竟来了多少人？说不太清，有人说大概有50多万。不过，到1860年大潮消退之后，还剩约38万人（人口普查的数据是379994人）。而后，随着横贯东西的铁路的建成通车，人口稳定增长，至1870年已增至约60万人（人口普查的数据是560247人）。到1890年，又翻了一番，已达约120万人（人口普查的数据是1213398人）。如今，加州已是美国人口最多的一个州，根据2010年人口普查结果，加州的人口为37253956人。

人口增长的直接结果当然是人才和劳工的增长，而随之而来的必然是多元文化的汇集和融合。这一切都极大地促进了加州的发展。因为，如果把金矿区理解为淘金潮的"前线"，那么加州的其他地方就是"后方"。"前线"的各种需求，"后方"都必须跟上：从柴米油盐酱醋茶这些日常生活所需，到生产工具，再到交通、运输、通信、贸易。因此，也不可能来加州的人都去淘金、挖矿，其他事也得有人干；干农业、农副产品加工业，干商业、房地产业，干交通、通信业，干金融、服务业等。其中也有不少华人，他们有的发现开餐馆、做买卖也许更适合自己，所以在旧金山逐渐形成了华人区，开始自称为"小广州"。有资料显示，1850年时已有33家中式杂货店、15家中草药店和5家中餐馆。到1853年，当地报纸已开始称华人较集中的那一带为"China Town"（中国城）了。

总之，社会的各行各业都得有人干。因此，采矿业带动了整个加州各行各业的同步增长，从而缩小了落后的西部与发达的东部之间的差距，实质上这就是一场资本主义经济的西进运动。同时，淘金潮所培植的高风险"美国梦"模式，也铸就了美国、特别是西部的高风险、甚至带有浪漫色彩的创业精神，造就了一个繁荣的西部。而一个世纪后硅谷朝阳工业的发展，又把这一精神推到新的峰巅。

旧金山是通往金矿区的门户。一开始，1848年，人都跑了，都跑去"捡"金子去了，几乎成了一座空城，有资料形容"剩下的人不足1打"。后来，1849年，世界各地的人都来了，人员、货物还包括黄金都要由此进出，于是人口暴涨，又有资料形容"人口几乎每两个月翻一番"。形容虽然未必准确，但从不到1000人的小渔村，到1850年已变成一个拥有40000人口的热闹市镇却是事实。到处是新造的木屋和数以千计的帐篷，每条街都有酒店、饭馆、甚至赌场。

【旁白：说到赌场不得不感慨一下。赌，也是一个极端疯狂的冒险。西部人就喜欢冒险，所以产银的内华达州就有两个举世闻名的赌城：拉斯维加斯(Las Vegas)和雷诺(Reno)。而产金的加州，赌业却不太出名。可是，你可千万别以为加州没有赌场，就在旧金山湾区赌场也数以十计，只不过不是集中，而是分散。其实分散更糟，因为离谁都近。你也别以为这都是些地下赌档、犯法的。非也！它们可是"正大光明"地在电视上做广告，都有加州政府颁发的正规营业执照。想当初加州财政风光之时，有赌场，但禁止公开做广告。但网络泡沫、金融危机之后，当加州财政收入萎缩、甚至公务员开不出工资之时，批准加开赌场也成了州政府一个财源，还美其名曰——照顾印第安人。于是，新执照放宽发放，新赌场不断开张。2013年11月5日，离旧金山以北约40分钟车程的地方开了一个湾区当时最大的赌场，名为"贵腾"（Graton）。其规模直追拉斯维加斯的赌场，据称其筹码还可与那里通用。当世界都在与旧金山湾区的新技术接轨时，旧金山湾区的赌业却正在与世界赌都接轨！】

根据美国人口普查局的资料，到1870年旧金山已发展成拥有15万人口的城市。到19世纪末，人口又翻了一番，超过30万人。转眼又过了100多年，根据2010年人口普查资料显示，旧金山人口为805235人，其中华人约占12%，即约9.6万多人。

如果说旧金山是通往金矿区的大门和桥头堡，那么"三个馒头"就是金矿区的中转站和后勤基地。因此,这个"二埠"也必然同步发展。这个本来只有 100 多人的小庄,很快变成了拥有几千人口的繁华市镇。在那个没有现代交通和通信设施的年代,相对于旧金山,它更接近矿区,因此不久就成了加州的政治中心——首府所在地,而且也成了西部的陆路交通和通信枢纽。其中在美国历史上最为人称道的是两件大事:

其一,它是作为美国西部传奇之一的"小马快递"的终端;

其二,它是第一条横贯美洲大陆的"太平洋铁路"的终端。下面就来谈谈这两件事。

19 世纪 50 年代末期的美国,东部已是个相当发达的工业化地区。1858 年,横跨大西洋的海底电缆铺

· 淘金潮前后两年旧金山对比
上图是 1846 年 11 月的耶巴布纳,下图是 1849 年 11 月的旧金山。
(来源:Barker , Malcolm E. San Francisco Memoirs)

设成功,实现了美、欧大陆之间的电报通信。铁路也已累计建成 3 万英里,1859 年铁路已通到了密苏里州(Missouri)的西部边界小城圣约瑟(St. Joseph)。但是,东部与迅速崛起的加州之间,仍然因沙漠、荒原和高山的阻碍,处于一种"准隔绝状态"。不仅没有铁路、没有电报线路,甚至连邮路也是十分不便。邮件走陆路是靠驿马车携带递送;走水路是经巴拿马铁路再乘船到旧金山。

所谓"驿马车"(Stagecoach),其实就是早期移民用的那种篷车的改良和

正规化，类似后来的公共汽车，所以又有"快速篷车"（Swift Wagons）之称，可用来搭乘少量乘客和携带邮件。1858年，美国国会批准了开通这种横贯大陆的驿马车邮路，最初是从密苏里州的泰通城（Tipton）到加州的旧金山市。弯弯曲曲的线路长达2800英里（4506千米），中间设有许多驿站，可以在那里换马，以保持较快的速度。一般说来，速度可达每小时5~10英里，一天约可走125英里。这在当时已经是了不起的速度，堪称当时的"高速公路"。

以至于当1858年10月10日第一辆驿马车到达旧金山时，当地的《旧金山快报》（San Francisco Bulletin）如此赞叹：

"这是一项至高无上的成就，它把加州与联邦捆在一起了！"

· 行在途中的驿马车
这在当年是美国东西部间重要的交通和邮件运输工具。（来源：美国邮政博物馆）

· 纪念第一辆驿马邮车到达旧金山 100 周年
（来源：作者集邮册）

100 年后，1958 年 10 月 10 日，美国邮政局还专为这项"至高无上的成就"发行了百年纪念邮票，首发地就选在旧金山，由此也可证明它的历史地位。邮票中马车夫正在驭马飞奔，另一人则在举枪射击（可见沿途很不太平）。邮票下方那条弯弯曲曲的红线则是从首都华盛顿到旧金山走的邮路示意图。

不过，话虽如此，但它跑一趟平均还是得 25 天右。如果路上车子抛锚、或天不作美、或遇上印第安人袭击，还要另当别论，所以总还美中不足。说快嘛，却满足不了政令和消息的及时传递；说运输嘛，又载不了多少货物，不利于东西部间形成一个联系紧密的统一的市场。加之那时的美国，南北关系已经十分紧张，内战在即，为了及时传递政令和消息、团结西部支持北方，林肯领导的共和党政府提出：愿出资 100 万美元开辟一条从东到西的邮件快递通路。同时，政府也打算拨巨款修一条横贯东西的铁路，以加强日益发达的西部对中央的凝聚力。

常言道："重赏之下，必有勇夫"。果然有三个人"响应号召"出面筹组用骑马接力送信的方式来进行邮件快递业务，这就是名垂青史的"小马快递"（Pony Express）。

这三个人名叫罗素（William Russell）、沃德尔（William Waddell）和马觉斯（Alexander Majors）。

他们本来就是当地一个比较有实力的运输公司的老板，已有 4000 人、3500 辆篷车和 40000 头牛。除了包揽民间货运生意外，他们还与政府签约，负责给

· 小马快递纪念铜匾

它镶嵌在萨克拉门托市"2 街"的小马快递纪念墙上。左上部是三个创办人雕像（左起为罗素、马觉斯、沃德尔）；右上部是小马快递英姿（旁注行程共 65 万英里）；下部为路线示意图。此匾为国家小马快递百年纪念协会 1960 年铸造。（来源：作者摄于当地）

西部驻军运送军需物资。为了开辟小马快递，他们又进行了周密的计划和安排，其要点是：

人和马：都经过精挑细选。为了提高速度，马是选的那种健壮的比赛用矮马，平均高度约 1.47 米，平均体重约 410 千克，故有"小马"之称；人也是选短小精悍的、吃苦耐劳的、年轻的熟练骑手（有的招聘广告上甚至写着"不怕死的"），平均体重在 125 磅（即 57 千克）左右，堪称最佳搭配。在整个运营期间，一共招聘了 121 名骑手，使用了 500 匹小马。

路线：从密苏里的圣约瑟到加州的萨克拉门托，途经堪萨斯、内布拉斯加、科罗拉多、怀俄明、犹他和内华达等六个州和领地，全长约 1966 英里（即 3146 千米，参看前页纪念铜匾上的路径示意。圣约瑟以东通火车，用不着小马快递）。

接力安排：全程设 184 个站点，站间距离约为 10~15 英里，每站换马，每 50~75 英里换骑手（也就是邮差）。

班期：前两月试运行时每周一班，以后每周二班。东、西向两头对跑。

邮资：每 0.5 盎司 5 美元（若换算为 2000 年的币值，大约为 100 美元）。

在经过周密计划和充分准备之后，人们终于盼到了隆重开通这一天。1860 年 4 月 3 日，将从两头的终点站相向而行。

当天白天，圣约瑟倾城出动，来共襄这一"划时代壮举"，为首班西向邮路的骑手、他们心目中的勇士——福锐（Johnny Fry）壮行。至今还有文章形容当时群情激动的盛况，堪比后来庆祝太空航行。与圣约瑟热闹盛大的首发相呼应，萨克拉门托这边的第一程则更为惊心动魄。当天深夜，也就是 1860 年 4 月 4 日凌晨 2 点 45 分，萨克拉门托狂风暴雨，骑手汉密尔顿（Sam Hamilton），雄姿英发、纵马扬鞭冲入雨幕，开始了首班东向邮路征程。为了缅怀这一壮举，人们在萨克拉门托老城他当年的出发地，塑了一尊铜像，供后人瞻仰。在立马石下方还嵌了一块铜匾，简述了这一事迹。

读者朋友，你千万不要用现代的眼光来看待当时的情景，得出"小题大做"的结论。在那时，这可是件空前的大事、奇事！那时，连观赏一次骑手的风采，也都被当成难得的奇遇。不信的话，就请看一段大作家马克·吐温的体验吧：

大家都兴致勃勃地伸长脖子，注意看"快马骑手"——穿越大陆的小马快递邮差，从圣约瑟到萨克拉门托，8 天行程 1900 英里！试想一下，这是冒着生命危险，用马

· 小马快递纪念铜像
它矗立在萨克拉门托老城"2街"与"J街"交界处的街头。（来源：作者摄于当地）

和人的血肉拼出来的！小马快递邮差是充满男子汉气概的人，精力充沛，坚忍不拔。不论白天还是黑夜，不论隆冬还是盛夏，不论是雨雪霏霏，还是冰雹阵阵，不论他们的路线是平坦笔直的大道还是悬崖峭壁上砾石遍布的崎岖小径，也不论要通过的是平安无事的地区还是心怀敌意的印第安人聚居区，只要轮到他值班，他就得随时准备着跃上马鞍，旋风似地出发！值班的小马快递邮差没有一点安闲的时间。白天也罢，月夜也罢，在星光下或是漆黑的夜里也罢——不管他碰到什么时候，他都得一气飞驰50英里。他骑的是十分出色的快马，天生就是赛马良驹，吃住都很讲究，过着绅士般的生活，他以最快的速度跑完10英里之后，冲进下一个驿站，那里有两个马夫牢牢牵着一匹生龙活虎般的骏马在等着，转瞬之间便换了坐骑，交接了邮袋，还没等旁边的人对他瞅上一眼，这急如星火似的一人一骑早已跑得无影无踪了。邮差和坐骑都是轻装上阵的。邮差衣着单薄而贴身，身穿紧身短衫，头戴无沿便帽，裤脚塞在靴筒里，一副赛手装扮。他不带武器，也不带任何多余的东西，仅带有很少非带不可的物件，因为他随身携带的邮件每一封信的邮费5美元。他邮包里大多装的是公事信件。马身上也剥去了一切不必要的装备，只有一副薄薄的赛鞍，没有毡垫，钉着轻便马掌，别无他物。邮差两腿上各绑着一只扁平的小邮袋，每只约为儿童识字课本大小。里面装有许多重要的公务文件和新闻稿件，都写在又轻又薄、如金箔一样的纸上，这样，体积和重量都很紧凑。驿车日行24小时，行程100至120英里，但小马快递邮差却是250英里。从密苏里到加利福尼亚，随时都有80个骑手伏在鞍上，日日夜夜，排成一条漫长而分散的队伍。40个飞向东边，40个奔向西方，400匹雄壮的马过着流动的生活，一年四季每一天要经过许多地方。

从一开始，我们就怀着奢望，要看看小马快递邮差，但不知怎的，所有超过我们的或迎面而来的都是在夜间急驰而过，听到的只是一声呼哨、一声吆喝，头还没伸出车窗，那沙漠的幻影早已消失。但这次，我们将在白天看见，我们随时期待着。

一会儿，车夫喊道："他来了！"

每只脖子伸得更长，每只眼睛瞪得更大。越过那平坦无际的大草原看去，天边出现一个黑点，显然，它在移动。呵！终于来了！我想一定是它！转眼之间，小黑点成为一匹马和骑手，一起一落，一起一落，朝我们飞扑过来，越来越近，越来越清晰，越来越明确无疑。它来得更近了，隐约可以听到马蹄的敲击声。又一转眼间，车顶篷上传来一声吆喝，一阵欢呼，只见邮差用手一挥，还没有听到回答，人和马已在我们激动的面容前一闪而过，犹如一股风暴的残尾，转瞬即逝！

这一切出现得多么突然，又多么像一个幻影，当这幻影闪现而又逝去之后，如果邮袋上没有留下还在颤抖着消散的白色尘埃，我们大概会怀疑是否看到了真正的人和马。

（摘自《苦行记》，马克·吐温著，刘文哲译，作者对译文略作修改）

小马快递到 1861 年 10 月 26 日跑完最后一班，共运营了一年半多一点。由于两天前（10 月 24 日）横跨美洲的"太平洋电报线路"已经开通，所以它也就完成了"历史任务"。在这期间它共传递了 35000 件邮件。时间虽不长，影响却深远。它不仅创造了电报开通前由东到西的最快邮递纪录（7 天零 17 小时），而且还证明了冬天也是可以穿越美洲大陆的。同时，它及时传递了政令和消息，对南北战争也做出了贡献。而它那迎风狂飙的雄姿也永远铭刻在美国民众的心中。

为了纪念这个"空前绝后"创举，美国邮政专门为它发行了两次纪念邮票：1940 年 4 月 3 日发行了纪念小马快递从圣约瑟出发 80 周年的纪念票，它同时在圣约瑟和萨克拉门托首发；1960 年又发行了小马快递 100 周年纪念邮票，于 7 月 19 日在小马快递的出发地萨克拉门托首发。在该邮票中，在纵马扬鞭的骑手后面，用虚线画出了从密苏里州的圣约瑟到加州的萨克拉门托的邮路。

后来，这条邮路就被称为"小马快递古道"，成了一条旅游风景线。在这条风景线上，除了在圣约瑟有原快递公司总部改成的博物馆、在萨克拉门托有众多纪念遗址之外，沿途还有一些当初在荒野中设立的驿站，也被保存下来供人参观。

· 小马快递从圣约瑟出发 80 周年纪念邮票（来源：作者集邮册）

· 小马快递 100 周年纪念邮票（来源：作者集邮册）

其中值得一提的是在内华达州内那一段，它正好与前面提到过的 50 号州际高速公路走向大致相同，因此成为现代自驾游的热门线路之一。

在这段路上，沿途除了小马快递的驿站旧址之外还有一座银矿遗址和一个国家公园——大盆地国家公园等景点可供游玩。不过，这 50 号高速公路两旁十分荒凉，故有"美国最孤独的公路"的称号。但是，许多人就是喜欢它那种原始的野味，它能唤起人们心灵深处那种莫名的灵感……

这里，还要交代一下，小马快递"名垂千古"，而小马快递的老板最后却破产了。他们共投资了 70 万美元，最后结算，还亏损 20 万。但政府的投资却未兑现，理由是：南北战争也需要花钱，对不起，政府赖债了。

电报线路的开通，宣告了小马快递的结束。大量的信息通过电报快速地在美国东、西部之间传递。但是，那时的电讯还处于原始的起步阶段，不仅不能传真，更谈不上视讯，而电话也还没有发明，所以书面文件、信件以及包裹、货物还是得靠驿马车慢慢地运送。

怎样才能根本解决这方面的问题呢？

在当时，唯一的选择就是修铁路！

既然是唯一选择，那就赶快修吧。可是，这事说起来容易，做起来却难。

首先，是政客们意见就不一致。为什么？当然其中有很多的利害关系，三言两语也扯不清。

其次，是钱从哪里来？这可不是一个小数目，粗略估计也得 1 亿美元以上。可是那时美国联邦政府全年的预算规模也不过 5000 万美元。

第三，是选什么路线？靠北？靠南？还是走中间？这既有利益问题，也有难易问题，而且懂得的人又没几个走过。

第四，是工程包给谁来修？别以为这是赚钱的"肥差"，启动资金哪里来？工人从哪儿招？要知道东部正准备打仗，可找不到那么多"闲"人，西部更是地广人稀……

总之，问题一大堆。所以吵吵嚷嚷了好几年，小马快递都跑完了，铁路却"八字还没有一撇"。

然而，这时美国内部最麻烦的时期却到了。

1860 年 11 月 6 日林肯（Abraham Lincoln）在南、北关系紧张之际，临危受命，当选为美国第 16 任总统，并于 1861 年 3 月 4 日宣誓就职。而他又极力主张解放黑奴，更为南北关系雪上加霜。于是，从 1860 年 12 月 20 日至 1861 年 2 月 1 日，南方 7 州相继宣布退出联邦，另起炉灶——国号"美利坚联盟国"（Confederate States of America，简写为 CSA 或称"南部邦联"）；另推举戴维斯（Jefferson Davis）为总统；另定弗吉尼亚州的里士满（Richmond）为首都；甚至还另建军队，由当过西点军校校长、战功卓著的李将军（Robert Edward Lee）任司令。

1861 年 4 月 12 日，南军不宣而战，炮击位于南卡罗来纳州（South Carolina）的联邦军萨姆特要塞（Fort Sumter），并于 14 日攻占。

分裂国家之罪，是可忍孰不可忍，必须惩戒！经过一个月准备，5 月 15 日林肯下达讨伐令，美国内战（也就是南北战争）打起来了。这场反分裂战争一直打了4年，到1865年4月9日以南军投降而告终。可是5天之后，1865年4月14日，林肯——这位领导联邦军取得胜利、维护了美国统一的统帅，这位以解放黑奴闻名于世的伟人，这位至今仍被美国人选为"最伟大的政治家"的总统却在剧院观剧时遇刺，次日早上不治身亡。逝世时他才56岁。

【旁白：美国是个伟大的国家，如今也是世界霸主。可是在它短暂的历史中，竟然有多位总统遇刺，由此可见美国国内政治斗争的残酷和严密安保的百密一疏！其中4位总统遇刺身亡：第一位就是林肯；第二位是第20任总统加菲尔德（James Abram Garfield，1881年9月19日遇刺）；第三位是第25任总统麦金莱（William McKinley，1901年9月6日遇刺）；第四位是第35任总统肯尼迪（John Fitzgerald Kennedy，1963年11月22日遇刺，2013年是他遇刺50周年，美国各地隆重纪念。）但愿肯尼迪是最后一位】。

战争既带来了麻烦，却也促使联邦议员们对铁路积极起来，因为要拉住西部、包围南部。而且联邦政府还于1862年5月颁布了所谓"宅地法"。该法规定：一切忠于联邦的成年人，只要交10美元登记费，就可在西部领取160英亩的土地；在该土地上耕种5年，就可永久拥有这块土地。这对联邦争取农民支持和扩充兵员均有作用，同时也从另一方面凸显了西部的重要性，当然也加速了西部的开发。

1862年7月1日，美国参议院终于以35票对5票通过了修建第一条横贯美洲东西部的铁路的法案，林肯总统随即签署。这就是美国名垂青史的"太平洋铁路"，也是全世界第一条横贯大陆的铁路，美国史家称其为"19世纪最伟大的工程"。

为了鼓励修这条铁路，美国政府开出了两项非常优惠的条件：政府津贴和赠地。

政府津贴：是指铁路公司每铺1英里铁轨，政府可付16000美元（在平原）至48000美元（在山区）的津贴。但也有个前提，不是未干先拿，而是先干起来，

A.美国首都华盛顿的林肯纪念堂（来源：作者摄于当地）

美国人民永远怀念为捍卫国家统一而战的林肯

B.旧金山市政厅前的林肯塑像（来源：作者摄于当地）

要先铺 40 英里（即 64 千米）之后，政府确认公司有能力完成这项艰巨的工程之后，才能开始拨款。这相当于说，承包筑路的公司自己起码得先拿出 100 多万美元来修这开头的 40 英里。

赠地：是指将铁路沿线两侧的土地赠给筑路公司，数量是每铺 1 英里铁轨，政府赠该路基两侧的土地 6400 英亩（即 2590 公顷）。这些地，筑路公司可以出售，换成钱，以补偿公司的花费。根据资料记载，铁路公司在售地公告中标称：一般地的售价用现金买是每英亩 4~12 美元，信用赊售则要付 7% 的年息；靠市区的地则论块出售，每块 50~300 美元不等。

后来，开始修路不久，铁路公司又叫嚷政府给的钱"太少了"。被内战搞得焦头烂额的议员们，生怕他们不干了，又于 1864 年修改铁路法案。当时内战还在进行，政府银根很紧张，就来了个"钱不够、用地凑"的办法，即把赠地数加倍。也就是说，每铺 1 英里铁轨，政府赠地 12800 英亩（即 5180 公顷），其规模相当于铁道线每侧 20 英里范围内的土地。

铁路方案经多人反复论证，最后还是由林肯拍板定的案。

西部终点站是选在加州的首府萨克拉门托，这很容易就定了下来。东部终点站的确定，却费了一翻周折。最先考虑的是密苏里州的圣路易斯（St. Louis），因为它在密西西比河西岸，又已与东部铁路网连通，所以从水路、陆路运货、载人都方便；也考虑过堪萨斯州的堪萨斯城（Kansas City）。但是，那时正值内战，而它们都太靠近战区，故被否定。也有人提议干脆往北一点，例如选在明里苏达州（Minnesota）的德卢斯市（Duluth），但又被国会否决，理由是那一带经常发生白人移民与印第安人之间的战斗，也不妥当。【链接：20 年后的北太平洋铁路线，就选这里为起点，通到俄勒冈州（Oregon）的波特兰（Portland）】。

最后到 1863 年 11 月 17 日才由林肯拍板确定，选中内布拉斯加（Nebraska）的奥马哈（Omaha）。该市比较居中，离两个战区都远，又位于密苏里河西岸并在普拉特河谷（Platte River Valley）的入口处，是铁路翻越落基山脉的最佳路径，唯一的缺点是当时还未与东部铁路连通，建材要用马驮、船运。

当时，内布拉斯加还不够格称为"州"（State），而是叫"领地"（Territory，也可叫"准州"，即准备成为州，但还未被国会授予，这是美国的特别设置）。为什么？很简单——地方穷，人口少。等到铁路修起来了，人多了，经济也发展了，内布拉斯加才于 1867 年 3 月 1 日成为美国的第 37 个州。

关于"领地"问题，这里简单说明一下。当年，美国扩张迅速，但拿下来的领土大多是有待开发的蛮荒之地，所以习惯上一开始都是叫"领地"，是由联邦派来的执政官管理，而不是民选的州长。要等人口增多、经济增长到一定程度，才由国会通过升格为州。因此，西部各地升格为州的时间都比较晚。加州（California）是拜淘金潮所赐 1850 年就升格了；俄勒冈州（Oregon）也沾森林茂密之光，于 1859 年 2 月 14 日，升格成为美国第 33 个州；内华达（Nevada）则晚几年，是 1864 年 10 月 31 日，才升格成为美国第 36 个州；科罗拉多（Colorado）又晚一点，1876 年 8 月 1 日，成为美国第 38 个州；怀俄明（Wyoming）则是 1890 年 7 月 10 日，成为第 44 个州；犹他（Utah）就更晚，1896 年 1 月 4 日，才升为美国第 45 个州；而亚利桑那（Arizona）却等到 1912 年 2 月 14 日，才升格为美国的第 48 个州，也就是美国本土上最后一个州。剩下就是那两块飞地：阿拉斯加（Alaska，1959 年 1 月 3 日）和夏威夷（Hawaii，1959 年 8 月 21 日）。

太平洋铁路，东起内布拉斯加领地的奥马哈市，途经怀俄明领地、犹他领地、内华达州、到达加利福尼亚州的萨克拉门托市，全长 1776 英里（即 2858 千米）。为了争取尽早通车，确定分为东、西两段，由东、西两端同时相向而修，东段由联合太平洋铁路公司（Union Pacific Railroad Co.）承包，负责从奥马哈往西修；西段由中央太平洋铁路公司（Central Pacific Railroad Co.）承包，负责从萨克拉门托往东修。由于东段基本上是平原，而西段地形却复杂得多，要穿过内华达山脉的高山峡谷，艰险异常，因此最初估计西段进展会很慢，两段预定在加州与内华达州的边界处交会。但是，对于东段和西段的实际交会点并未作明确规定，而是鼓励只要对方尚未到达，就可一直往前修，政府的津贴和赠地也就按各方实际修的里程计算和划拨。这就大大提高了干劲，两个公司都拼命向前赶。最后还是西段突破了指标，这是因为西段雇用了大批华工，在华工的努力下，西段进度大大超过预计，不仅修完了整个加州和内华达的地段，而且"冲"进了犹他领地大半截。所以，双方最终是在犹他领地的奥格登（Ogden）附近交会。两公司分别铺轨的里程是：东段长1086英里（即1784千米），西段长690英里（即1110千米）。如下图所示。

现在就该来看看双方如何集资和修路了。这里特别提一下，西段的投资人一开始并不好找，因为旧金山的大多数资本家来自南方，他们认为修这条铁路是北

·太平洋铁路路线及其分段示意图（来源：作者根据有关资料改制）

方的一个阴谋，所以联合起来抵制这个方案，提出要他们出资也可以，但整个路线得移到南部地域。对此，联邦政府当然不能同意。这时，有四个在淘金潮中发财的商人，都是共和党人，支持林肯的共和党政府，拥护联邦统一，他们决定出资组建中央太平洋铁路公司，来承包西段工程。这就是前面曾提及的美国铁路史上著名的"四巨头"（美国人称之为"The Big Four"）。

他们之中，为首的是斯坦福（Leland Stanford），他是靠投资开金矿和给金矿区批发杂货发的财（以后者为主），由他出任总裁；其次是亨廷顿（Collis P. Huntington）和霍普金斯（Mark Hopkins），他们都是靠在矿区开五金店、供应设备和工具发的财，由亨廷顿出任副总裁，而霍普金斯则出任财务总管；最后是克罗克（Charles Crocker），他主要是靠给金矿区供应干货发的财，由他出任工程总监。

1861 年，斯坦福代表共和党竞选获胜，因此又于 1862 年 1 月 10 日至 1863 年 12 月 10 日担任了加州州长。所以 1863 年 1 月 8 日，他以公司总裁和地方长官的双重身份，在太平洋铁路西段动土典礼上，亲自铲了第一铲土。而东段的动土典礼，则晚了差不多一年（原因已如前述，即起点未定），于 1863 年 12 月 2 日才由内布加斯加领地的执政官铲下第一铲。

不过，读者朋友，你千万别以为动了土，就万事大吉、一切顺利进行了。才不是呢！这是因为即使不提各自公司内部暗地里的争权夺利和意见分歧，明摆着的麻烦就已不少。

先拿东段来说吧。一直到内战都打完了，联合太平洋铁路公司都还没有动静。又过了两个多月，1865 年 7 月 10 日才真正动手铺轨，而进度却慢得惊人：每星期才铺 1 英里，到当年 10 月一共才铺了 15 英里！

为什么？

一没工人，二没钱，三还有印第安人来捣乱。

· 利兰 · 斯坦福
（来源：作者翻拍自斯坦福大学博物馆）

试想一下，当动土之时，内战正在紧张进行，男劳力、甚至妇女都上了前线，铁路公司到哪里去招工人？何况铁路施工既是个技术活，更是个体力活。那时几乎谈不上机械化，一切都是手拉、肩扛，工人们使用的工具不过就是锄头、铲子、铁锤和撬棍，再有就是马车。大马车还不行，因为你还得先给它修条路，大多数情况是用一匹马拉的小车。比如一根铁轨重达 700 磅（即 318 千克），一根枕木也有好几十磅。平路倒也罢了，可是还有山坡呢，还要架桥呢，那时马也使不上劲，还得靠人。直到内战结束，联合太平洋铁路公司雇用了大量内战退伍军人和逃荒的爱尔兰移民投入筑路工作，人力问题才得以缓解。

至于钱，正如前面说的，伤脑筋的是公司先要投入 100 多万美元的启动经费。在那时这可是个"天文数字"。说起来也让人吃惊，最后还是靠林肯总统的面子，由他出面找了名叫埃姆斯（Oakes Ames 和 Oliver Ames）的两个兄弟谈话，才由他们购买了 100 万美元联合太平洋铁路公司的股票，又给了它 60 万美元的贷款，才救了这个急。你猜这两个兄弟哪里来的钱？原来也是靠卖给加州淘金客铲子赚来的。

关于印第安人捣乱，在前面已经提过。印第安人压根儿就认定白人抢了他们地盘，把他们杀的杀、赶的赶，他们好不容易在中部平原安下身来，这个"铁马魔鬼"又来了。而联合太平洋铁路公司筑路要经过的平原地区，就有多达 35 万的印第安人，他们动不动就来拔铁轨、杀工人，直到政府派兵清剿、驱赶才有所改善。

再来看西段。

粗看起来，西段好像应该问题不大。钱，有四个财主撑着；人，淘金潮已消退，应该有些"闲人"；内战，离这里又远；印第安人，人也不多，而且本来同西部少量白人相处也还安宁。而且，还有一个"优势"——铁路公司总裁正是州长大人。

既然如此，那就赶快修吧。

可是，情况并不乐观。兴高采烈地隆重举行动工典礼之后 10 个月，还没有见到一根铁轨躺在路基上！

为什么？

人忙马不快 ——没有铁轨！

怎么回事呢？

原来西部没有钢铁厂，东部的钢铁厂大部分都正忙着为内战赶造枪炮，虽然也生产了一些铁轨，但却需要用船运过来，这一运就得好几个月。所以，左等右盼，一直到 1863 年 10 月 26 日，才算盼到第一批铁轨。

4 个月后，1864 年 2 月 29 日，一个好消息由中央太平洋铁路公司传来：从萨克拉门托到加州的罗斯维尔市（Roseville）的铁路修通了，全长 18 英里（即 29 千米），平均每天修 200 米，虽然很慢，总算在干。

即使这样，也还是"福无双至，祸不单行"。当人们还未来得及击掌庆贺之时，两个坏消息又传出来了。

又发生了什么事？

没钱、没人了！

钱呢？用完了。

怎么会这么快？原因有三：

其一是，西部铺轨成本较高，铁轨用船运那么远，运费可观。

其二是，等料期间，好几百工人也得吃饭、花钱。

其三是，继续增资困难。因为如前所述南方人不愿投，北方人也认为投资到深山老林去修铁路风险高，又一时难以收回成本，而"四巨头"的钱也有限。一旦干起来，钱如流水般就花光了。

怎么办呢？生意人也有办法：

一是先让修通了的路段运营起来，两个城市（萨克拉门托和罗斯维尔）卖票通车了，可以挣点钱。

二是大张旗鼓卖地换钱。

三是向联邦伸手（他们反映问题比较容易取得信任，因为有州长大人作证，虽然还未达到"先修40英里"的指标），让联邦早日把津贴发下来，同时如前所述，争取赠地翻番。

如此三管齐下，资金问题逐渐得到缓解。

那么，人呢？不是有好几百人吗？

不少人跑了！为什么？

许多白人吃不了这个苦。正如前面说的一根铁轨700磅，他们不愿扛，未干之前还不知修铁路是什么滋味，一干起来才知道原来这般苦，于是一溜烟跑了，再说西边人口本来就十分稀少，这时内华达又发现了银矿，多么吸引人；就算不去捡银子、开矿，找其他工作也不困难，甚至挣的钱更多。

而且，就算不跑，这么大一项工程，正式干起来，几百人哪里够？按中央太平洋铁路公司的计划，第一期就得招5000人，然后随着工程进展，工人数量还得不断增加。

那么，为什么一定要招白人呢？不是还有成千上万来金山的华人吗？现在淘金潮退了，不是正好可以雇用他们吗？为什么不用？

问题就出在这里。人家看不上！中央太平洋铁路公司的施工负责人史托布里奇（James Strobridge）拒绝招收华人，他甚至说："我不愿管理华工，他们根本修不了铁路"。其实，他是代表了当时许多美国人的观点。美国有许多白人的种族歧视非常顽固，他们认为皮肤黄、个子矮的华人是"劣等人"。就连身为州长的斯坦福，也曾倡议加州排华。

就这样，中央太平洋铁路公司长期拒绝雇用华工，而白人又少、又跑，因此，两年下来铁轨只铺了50英里（很遗憾，比起"鼓足干劲"的前4个月来，这20

个月只"蜗行"了 21 英里）。

幸好，也不是没有头脑清醒之人，"四巨头"之一、担任工程总监的克罗克，就十分明白事理。他就主张雇用华工，甚至与史托布里奇争辩说：

"我就不信，能修万里长城的华人，挖不了沟、修不了路！"

在他的坚持下，1865 年 2 月中央太平洋铁路公司终于决定招 50 名华工试用。

华工当然是好样的！他们吃苦耐劳，勤于学习。连史托布里奇也深受感动，随后也不得不承认："他们（华工）很快就学会了各种工作"。于是他很快又招了 50 名华工。随着工程的进展雇用的华工就越来越多了。

华工优异的表现，促使斯坦福也改变立场，加入到赞誉华工的行列。他在 1865 年 10 月 10 日致美国总统约翰逊（Andrew Johnson）的一份报告中这样说：

"华工们勤劳而刻苦。他们不像白人工人那样常常饮酒和打斗，而是安静、平和、有耐心。他们较为节俭，对较低的工资，也感到满足。我们发现：他们能自己组织起来、互相援助。没有他们，我们不可能在国会法案规定的期限内完成这个伟大铁路的西段工程。"

事实就是这样。从此，中央太平洋铁路公司开始大量招收华工。《旧金山纪事报》（San Francisco Chronicle）在 1868 年 9 月 3 日一则报道中称："当时中央太平洋铁路公司雇用有 10000 名华人、1000 名白人和印第安人。"据统计，在以后的两年内，在 13500 名工人中，华工就占了 12000 人。

克罗克在国会作证时说：

"他们是很值得信赖的、既聪明而又信守合同的工人。"

"我们发现：如果某项工作必须赶快完成，我们就马上召集华工去做，这样比较稳妥。"

正如前面提到过的，西段工程要翻越内华达山脉和落基山脉，（"内华达"

的西班牙文原意就是："白雪覆盖的山脉"而"落基"就是"岩石"之意）。冰天雪地、悬崖峭壁，修起来当然困难重重、危险万分。沿线经过的山峰中，最高的达到海拔 7000 英尺（即 2134 米）。有资料显示，从萨克拉门托到奥格登整段铁路的路基，五分之四都是华工开出来的。由此可以想见华工是多么吃苦耐劳！右面这张图，就是当年华工在内华达山脉中筑路的情景。

华工们不仅要担土、运料、修桥、铺路，还要爬悬崖、开隧道。当年根本没有机械化，他们全靠双手、全靠坚韧的毅力克服困难，去完成筑路任务，有不少人还为此献出了生命。遗憾的是，这些为美国铁路建设立下丰功伟绩的华人，甚至连名字都未留下。100 多年后，当后裔去追寻先辈的事迹时，有人曾找到一些工资单，但那上面只写着"阿明"、"阿华"、"阿金"之类的英文拼音代号，因为他们没有英文名字，而白人工头又不会叫中文名字。

除了修路之外，为了保持铁路畅通，他们还要在严寒的冬季去深山清扫积雪。有的路段为了预防雪崩埋路，还要修建挡雪篷，这种挡雪篷就像人造隧道一样，有的长达数里。许多华工也常被冻死或被雪崩活埋。有资料显示，当化雪之后还见到他们手握雪铲的景象。【旁白：你看勤劳而勇敢的华工们就这样为美国"19 世纪最伟大的工程"献出了生命，故后人用"沉默的道钉"这个称谓，来缅怀这些为美国铁路默默献身的华工们】。

在太平洋铁路史中还有这样一段佳话，即华工创造了最快的铺轨纪录。那是在 1869 年 4 月 28 日，一队华工在 8 个特别挑选的爱尔兰运轨工的配合下，在对方公司（联合太平洋铁路公司）检查员和新闻记者的见证下，从清晨 7 点干到傍晚 7 点，奋力拼搏，创造了 12 小时铺轨 10 英里 56 英尺（即 16 千米零 17 米）的空前纪录。在那个年代，在机械化铺轨技术出现之前，这个纪录始终未被打破。

正是由于华工的努力，中央太平洋铁路公司比联合太平洋铁路公司提早几天到达交会点。这个交会点是由政府会同两个公司协商确定的，它选择在犹他领地

· 沉默的道钉

这是华工们在内华达山脉中筑路的情景。图中戴斗笠帽者就是华工，他们有的在铲土，有的在挑担，有的在推独轮车，有的在赶一匹马拉的马拉车。你看那蜿蜒高架的铁路，就是他们的杰作，像一座丰碑屹立在美洲大地。（来源：加州图书馆）

· 见证历史

这是美国画家笔下的华工，画的是中央太平洋铁路公司的内华达山区工地。这段铁路是他们在冰天雪地中修的；如今又亲手加盖了挡雪篷，并铲、扫了覆盖在路上的积雪。你看，他们这时正在看着火车从一个挡雪篷中出来，驰向另一个挡雪篷。（来源：Association American Railroads）

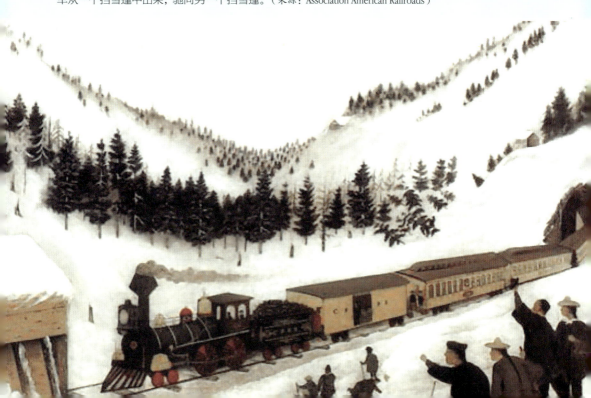

的普罗蒙托山顶（Promontory Summit，该处海拔高度为 1494 米，在奥格登以西 56 英里，即 90 千米处）。中央太平洋铁路公司是 1869 年 4 月 30 日修到该地的。那一天的《上加利福尼亚报》（*Alta California*）的新闻这样写道：

"今天，中央太平洋铁路公司作了最后一次突击，在交会点铺上了西段的最后一条枕木和最后一节铁轨。现在该他们说：联合太平洋铁路公司，我们在等你们了。"

之所以选这个交会点，也有一段插曲。据说双方为了多得联邦政府的津贴和赠地，就拼命往前修，以至于两段铁路接近时，都不肯对接，还保持在一定的距离之外继续往前修。【旁白：你看，多么唯利是图！】政府当然急了，召集双方开会，签订协议，这才定下来在普罗蒙托交会。

本来预计再过几天联合太平洋铁路公司就可修到，故商定在 5 月 8 日举行交会仪式。后因天气问题，联合太平洋铁路公司工期又推迟了两天。于是 1869 年 5 月 10 日成为美国第一条横贯大陆的铁路——太平洋铁路的正式完工日期。美国的媒体这样评论：

这是美国历史上一个伟大的日子，从今以后有铁路把美国东、西部紧密联系到一起，一个从大西洋到太平洋的统一而强大的美国诞生了！

英国媒体也隔海盛赞其为"自工业革命以来世界七大工业奇迹之一"。

美国作家、历史学家安若斯（Stephen E. Ambrose）当年曾无比感慨地说：

"火车头是超越时空的第一项伟大成就。它的到来使北美大陆紧密结合，带来了美国历史上最短的时间内最伟大的改变，再也没有什么事物可以与之比拟。"

现在就让我们来观赏一下当年欢庆这一刻的盛况吧。

1869 年 5 月 10 日，在犹他领地的普罗蒙托荒凉的山顶，聚集了 1500 多人。人群中间站着若干政商名流，外围还有军警守卫，他们就是第一条横贯美洲大陆的铁路最后建成时刻的历史见证人。

· 欢庆交会

这是 1869 年 5 月 10 日庆祝美国第一条横贯大陆铁路——太平洋铁路东段和西段在犹他领地的普罗蒙托山顶交会的仪式现场。（来源：lamag.com）

　　两台代表当时先进水平的漂亮火车头相距一节铁轨的距离、面对面地停在场地之中，它们是由各自修的铁路上开来。左边是中央太平洋铁路公司的 60 号机车，代号为"木星"（Jupiter），它是烧木柴的，有一个漏斗形状的烟囱；右边是联合太平洋铁路公司的 119 号机车，它是烧煤的，有一个圆柱形烟囱。它们之间的那段路基已经平整得很好。

　　乐队用欢快的乐曲激励着期待的人群，人们在等待着最后一条枕木和最后两根铁轨的到来。这最后两根铁轨，一根是由中央太平洋铁路公司选出 8 名华工抬来；另一根是由联合太平洋铁路公司选出八名爱尔兰工人抬来。而最后一条枕木则是用磨光的加州月桂木做的，这是一种专门用来做桂冠的、象征胜利的木材。在这条枕木的正中还镶上了一面银牌，上面铸着："1869 年 5 月 10 日太平洋铁路竣工时的最后一条枕木。"这条枕木既然来自西段，自然也是由中央太平洋铁路公司的 4 名华工抬来。

传说中又有一段花絮：在 4 名华工将这条枕木放到路基上的关键时刻，一位摄影师举起相机、迈步向前，兴奋的人群生怕他贻误时机，就为其加油，急声喊道："Shoot！"（照！）这却吓得 4 名华工丢下枕木、拔腿就跑。人群不知就里，也引起一阵骚乱。原来华工把"shoot"理解为另一意思"开枪"，当然赶快逃离。

当秩序恢复之后，仪式继续进行。现在该"大人物"表演了。大会准备了 4 根特制的道钉，要"大人物"用它们把铁轨固定在枕木上（当然这只是一个象征性的举动，那根月桂木做的枕木上早就打好了孔）。4 根道钉中，有 2 根金道钉，是由产金的加州提供；一根银道钉，是由产银的内华达州提供；第 4 根为金、银和铁的合金制成的道钉，是由亚利桑那领地提供。这条铁路并未经过亚利桑那，而它却贡献了一根道钉。人们本以为第 4 根可能是铜的，由仪式举办地的东道主、产铜的犹他领地提供。可是遗憾的是，据说领导犹他领地绝大多数移民的摩门教领袖根本连仪式都未出席，很煞风景。道钉的顶端铸有"最后的道钉"（Last Spike）字样。

·美国第一条横贯大陆铁路交会仪式上用的金道钉（来源：James L. Amos）

与此同时，伴随铁路一起架设的电报线路，也已连入全国的电报网络。在全美各地的人们，都在电报线路那头等待两段铁路交会的喜讯。这时，会场的电报员用他灵巧的手指，敲击着电键，发出了如下的电文：

"各位注意，请静候。当最后的道钉在普罗蒙托就位那一刻，我们将发出'DONE'的信号。请保持线路畅通，并注意敲响的信号。"【注："DONE"这个信号，既能表示"完成"之意，又模拟了锤子敲在道钉上"当"的一声】。

这时，中央太平洋铁路公司总裁斯坦福一只手拿着耀眼的金道钉，另一只手握着一柄闪光的银锤；与他相应的是联合太平洋铁路公司的副总裁杜兰特（Thomas Durant）。人们屏息静气，等待着那一刻的到来。

12点37分（美国东部标准时间），这一刻终于到了！

电报员准确无误地发出了"DONE"信号。美国各地一片欢呼；各地教堂的钟声和费城的自由钟同时响起；旧金山和首都华盛顿的礼炮轰鸣；游行队伍在芝加哥的街道中穿行……

另一段花絮：可能由于太紧张、或者缺乏练习，当全国民众已经在欢庆之时，两位主角却未准时"演完"动作。不过，他们很快补上了。这时在场的群众，才爆发出震耳的欢呼声，机车也拉响了汽笛。接着，两个公司的施工负责人史托布里奇和里德（Samuel R. Reed），在欢腾的背景中，把另外两个道钉钉入了预定的孔中，结束了这场精彩的"表演"。

接着，电报员还发出两份由斯坦福和杜兰特联合签署的电报。一份发给全国民众，报文是：

"最后的铁轨已铺就，最后的道钉已钉下，太平洋铁路建成了。"

另一份发给现任美国总统格兰特（Ulysses S. Grant，铁路修了七年，总统已换两次，由林肯换成约翰逊，再换成格兰特了），报文是：

"总统先生，我们荣幸地向您报告：最后的铁轨已铺就，最后的道钉已钉下，太平洋铁路建成了。"

美国人之所以如此隆重欢庆，是因为他们深信：这条铁路对他们国家的未来至

·隆重纪念第一条横贯美洲大陆铁路建成 75 周年
这是美国邮政局于 1944 年 5 月 10 日在加州的旧金山、
犹他州的奥格登和内布拉斯加州的奥马哈三地同时首
发的纪念邮票。（来源：作者集邮册）

关重要。刚刚经历了分裂和内战之苦的美国人民，认为这条横贯大陆的钢铁长龙是国家统一的象征。金道钉上铸就的那句话，就是他们的心声：

"愿上帝永远保佑我们国家的统一，就像铁路牢牢地把世界两个大洋连在一起那样！"

美国举国欢腾，联邦政府和国会都很高兴。但是，最高兴而又不露声色的，你猜是谁？当然是铁路大亨，特别是中央太平洋铁路公司的"四巨头"。表面看起来西段比东段短很多。但是，东段多为平原，西段多为山地，因而西段拿到的津贴比东段多，而东段可销售的地比西段多。有资料显示，两个公司都赚了大钱。根据 1873 年国会投资委员会调查，联邦政府共花了 1 亿 9400 万美元，其中 8600 万美元进了大亨们的腰包。有资料说，联合太平洋铁路公司得了 7300 万美元，而实际筑路花费还不到 5000 万美元；而中央太平洋铁路公司则赚得更多，据说得了 1 亿 2100 万美元，大约赚了 6300 万美元。而土地数量也大得惊人，前者获地约 1400 万英亩；后者约 900 万英亩。

热闹之后，当然是卖票通车。铁路公司的广告宣称：

"无论是为了消遣、为了健康，还是为了事业，都请赶快来乘火车去西部，我们为你准备了豪华的餐车和舒适的卧铺车厢。西部有金、银和其他矿藏，西部的太平洋海岸充满阳光……"

当时，从奥马哈到萨克拉门托，一张硬座车票为 40 美元，一张卧铺票为 100 美元。

这里再说一下与交会仪式有关的遗留问题：

其一是，散场后，用于表演的道钉和枕木又被悄悄地取下，以免被偷，后来也就送入博物馆中。

其二是，后来两家铁路公司发现，普罗蒙托这个地点前不着村、后不着店，太不方便，于是把交会点改成了奥格登。

其三是，20世纪初，参加仪式的那两台火车头，在"年老体弱"后，也退休了，不过它们命不太好，没有被送进博物馆，而是被当成"破铜烂铁"卖了，每台售价1000美元。

其四是，几十年后，当人们又心血来潮要在普罗蒙托搞个遗址公园时，才想起应该用上那两台机车，可是已经"尸骨未存"了，只好重新仿制两台摆上。

另外，也还要说一下；当美国民众为这个当时举世无双的成就欢呼之时，其实它还并没有直通到两个大洋。在东边，它还未与东部的铁路网相连，奥马哈是在密苏里河西岸，它的对岸是艾奥瓦州（Iowa，它早在1846年12月28日就成了美国第29个州）的康瑟尔布拉夫斯市（Council Bluffs，东部铁路的终点站）。太平洋铁路建成之时，两岸间是由轮渡相通。后来，在密苏里河上架设了铁路桥，才能通过东部的铁路网驶至大西洋岸边。与之相应，在西边，萨克拉门托也不靠海，也是要等到铁路延长到奥克兰（Oakland），才算到了太平洋岸边。最终建成的、拦腰横贯美国中部的路线是：（太平洋）旧金山——奥格登——奥马哈——芝加哥——匹兹堡——费城——纽约（大西洋）。

不过，话说回来，在当时美国人的传统观念中，密西西比河以西就算西部，那里对他们说来是个遥远、荒凉、落后、神秘的地方，是牛仔和冒险家的天地。但是，扩张领土的野心以及建立新家园的愿望，又使他们对西部充满幻想；特别当西部的财富日益显露之后，贪婪的发财梦又增加了西部对他们的诱惑。然而，回首往事，想当初从东到西要走半年，而如今却只要7天，而且费用低廉。比起

189

·快来看呀，这就是当年萨克拉门托终点站的遗址！（来源：作者摄于当地）

·你看像不像
这是 2012 年 5 月 10 日，纪念太平洋铁路交会 143 周年当天，在金道钉遗址公园的情景。你看与一个多世纪前的那个场面像不像？（来源：金道钉遗址公园网站）

那又要花大量钱财、又有生命危险的半年跋涉，铁路通车实在是令人兴奋！而且，它的建成，既积累了经验、培养了一支筑路大军，又鼓舞了美国人建设铁路的信心与热情，于是掀起了一个铁路建设热潮。

当然，优先是建横贯铁路。因为偌大一个西部，怎能只有中间一条通路？于是，南、北全都动起来——勘察新线、赶修老线、建立支线、修延长线，民间集资、政府出钱，真是十八般武艺都用上，只求一个"快"字。

正如前面曾提到过的，本来南方、北方也早有想法。例如北方，从明尼苏达的德卢斯（Duluth）到华盛顿州的塔科马（Tacoma）的"北太平洋铁路"（Northern Pacific Railroad），国会在 1864 年也曾立案，但那时因内战和赶修中间那条而无力修建，如今当然提上日程。前后用了 10 来年，于 1883 年 9 月 8 日由格兰特总统亲自敲下最后一颗金道钉，宣告铁路竣工，全长 1983 英里。

又如南方，从旧金山向东沿太平洋南岸一直到路易斯安那州的新奥尔良（New Orleans）的"南太平洋铁路"（Southern Pacific Railroad），也早在 1865 年就有动议，如今斯坦福的筑路大军就挥师南下，大干起来。终于在 1883 年 1 月 12 日赶在北方太平洋铁路建成之前，完成了第二条横贯美洲大陆的铁路。而后，又建了从洛杉矶经新墨西哥州的圣塔菲（Santa Fe）到堪萨斯州的艾奇森（Atchison）的"圣塔菲铁路"（Santa Fe Railroad）。如此发展到后来，斯坦福几乎控制了整个美国西南部的铁路系统，成了名副其实的"铁路大王"。

这期间联合太平洋铁路公司自然也没有闲着，他们修通了从密苏里州的堪萨斯城（Kansas City）到俄勒冈州的波特兰（Portland）的"联合太平洋铁路"（Union Pacific Railroad）。该铁路途经科罗拉多州的丹佛（Denver）、怀俄明州的夏延（Cheyenne）以及爱达荷州的博伊西（Boise）。同时在东、西部铁路网的完善和延长上，它更是下足了功夫，使它成了一个最大的铁路垄断集团。

如此热闹的"比赛"场面，其他人必然也会积极起来，其中比较有名的另一个铁路大亨是希尔（James J. Hill）。他的"伟大"之处是不求政府拨款、完全靠私人投资，从1889年到1893年，苦战四年，竟然在美加边境建了一条长达1700英里、从明尼苏达州的圣保罗（St. Paul）到华盛顿州的西雅图（Seattle）的"大北方铁路"（The Great Northern Railroad）。而后又建了一些支线和延长线，用美国人的话来说——他建立了一个"希尔铁路帝国"。

就这样，美国在此后几十年中，又建了五条横贯东西的铁路，十几条纵贯南北的铁路以及大量的支线。可以这样说：从19世纪后半叶到20世纪前期，美国是处在"铁路热"中。据统计，从1830年美国在巴尔的摩（Baltimore）建成第一条铁路以来，至1860年在东部初步建成了一个长达3万千米的铁路网。而后，又奋力发展中、西部和扩建东部，在1860年至1920年的60年间，美国平均每年修6000千米铁路，其中仅1916年一年就修了20619千米。历史最高峰时，铁路运营里程达408745千米，从而使美国的铁路运营里程超过了欧洲铁路的总合，占全世界铁路的三分之一，铁路成了美国经济的火车头，其产值超过美国国民总产值中的10%。美国人对他们在铁路上取得的成就，异常满意。用美国历史

·古站风韵

这就是当年萨克拉门托市太平洋铁路的终点站，如今已成游人回味观赏的遗址。而且游人也不多，只有我一个。（来源：作者摄于当地）

学家的话来说：

世界第一的铁路网，促成了一个统一而强大的美国。

火车头拖着美国飞速向前！不仅在和平年代，而且在第一次世界大战和第二次世界大战中，铁路都起到了无可比拟的作用！

但是，历史的车轮前进了几十年后，情况却变了。天空有了航空网，地上有了高速公路网，喜新思变的美国人有了新宠：飞机和汽车。曾经是千呼万唤始出来、百般宠爱于一身的铁路，被打入了"冷宫"。曾经风光的火车站如今已无人问津。

时至今日，除了一些城际铁路是在进行日常客运之外（而且乘客也不多，你看下面那张照片，车厢里空空荡荡，一定是亏本买卖），还有一些铁路路段，经营的是旅游性质的客运，为的是让游人享受乘坐现代的"古老"列车去欣赏沿途的"原始"风光。不过，它的票价却不敢恭维，比坐豪华邮轮都贵，不大众化，客人也就不踊跃，当然也是亏本买卖。而美国人对汽车的热情也远远超过铁路。总的来说如今美国铁路用于客运的比例大约只占 13%，而绝大多数铁路都是用于

· 寥无几人
正在奔驰的费城城际列车，车厢里乘客如此稀少。（来源：2008 年 10 月作者摄于费城）

货运。应该说，在货运上美国仍保留着铁路强国的龙头地位，其运能与效率均居世界首位。

历史的车轮又前进了几十年，情况又变了。当欧、亚开始发展高速铁路时，美国人无动于衷。因为，全美铁路客运公司（Amtrak）的年平均客运量约为2500万人次，还占不到全部交通客运量的2%。美国是世界第一的航空大国、是全球第一的"（汽车）轮子上的国家"，美国人认为：有飞机和汽车就够了，快、慢、远、近都可兼顾，用不着去搞高速铁路。

可是，到了21世纪，当美国的领袖们突然发现客运列车跑得不如欧、亚的快时（举个例子，在2014年，如果我要从山景城到旧金山国际机场，不过25英里的路程，乘最快的那一班火车去也得50分钟，通常就得一个多小时），当发现电气化铁路里程太少时（只占铁路总里程数的百分之零点几），当惯了"老大"的人们，又有点沉不住气了。2010年1月27日晚，美国当任总统奥巴马在美国国会发表了《国情咨文》。面对全体议员以及收看直播的美国人民，他慷慨激昂地说：

"从第一条铁路的诞生，到州际高速公路系统的建成，我们国家向来颇具竞争力。没有理由必须让欧洲或中国拥有最快的列车……"

为此，美国政府决定从刺激经济的7870亿美元中拨出80亿美元专款，作为建设全美高速铁路网的启动经费，还打算今后5年内，每年再从联邦预算中拨出10亿美元补助。【旁白：你看多大方，加起来130亿，退回去一百年堪称是个天文数字！可是，在21世纪的今天，它能修多长一段高速铁路呢？】

钱虽不多，但总算有了个开头，对于在金融风暴中备受摧残的各州经济也是一个振奋，于是各州都想要"启动"。统计下来要"启动"的、想象中的工程规模有多大呢？答案是：

这个高速铁路网将涉及美国31个州，新建13条铁路。

其中，以加州拟建的高铁项目最为引人注目，因为早在总统先生尚未激动之前，20 世纪 80 年代加州高铁就已在议论之中。2005 年高铁项目已正式列入州议会的议程，2008 年 11 月加州热情的选民更用公投通过了 26 亿美元高铁公债提案。至于路由，加州的人们仍然眷恋当年引起轰动的、首条跨洲铁路起点站——萨克拉门托，打算仍以它为起点，再连接旧金山，而后修到南加州的洛杉矶和圣地亚哥，中间还要把加州的主要大中城市都连接起来，全长 800 英里（即 1287 千米）。为此加州政府还专门成立了一个"加州高速铁路局"（California High-Speed Rail Authority, CHSRA）经管相关事宜。第一步当然是落实路由、评估环境和制订方案等。如今又新加了总统的鼓励、联邦的支持，加州自然更加热心。2010 年加州高铁局对外公布，加州高铁计划分两步走：

第一期工程，分六个路段进行，即从旧金山起经过圣荷塞、默西德（Merced）、佛雷斯诺（Fresno）、贝克斯菲尔德（Bakersfield）、帕姆代尔（Palmdale）、洛杉矶直到安纳罕（Anaheim），总长 500 英里，预计约需 10 年。【旁白：平均一年修 50 英里，以如今的高技术，却比当年华工用手修铁路的速度还慢（注意：即是这个速度，也还只是个初步打算）】。

第二期工程，则是在此基础上再向两头延长 300 英里。即北加州这边，是由默西德经莫德斯托（Modesto）、斯托克顿（Stockton）到萨克拉门托；南加州那边则由洛杉矶到圣地亚哥（San Diego）。【旁白：啥时修成还在研究，大约还需 8 年（也是初步打算），也就是说如果顺利的话，大概到 2029 年，旧金山的孩子们可以坐上高铁，去游洛杉矶的迪士尼乐园了】。该项目预计需投资 420 亿美元，车速为每小时 220 英里（即 350 千米），届时从旧金山到洛杉矶只需 2 小时 40 分钟。

随着时间的推移，方案不断修改也在完善之中。下面给出的略图就是加州高铁局 2013 年 5 月发布的版本。图中有些地方画的双线不是说有复线，而是有待商定到底走那边。默西德附近的枢纽处那些圈和线更是示意多种选择有待评估。

有关其新闻可查该局的网站：

www.cahighspeedrail.ca.gov

2010 年 9 月 9 日，时任加州州长的施瓦辛格，踏上了前往亚洲的旅途，先后访问中国、日本和韩国，探讨合作修建加州高速铁路的前景。9 月 12 日，施

·加州高铁路线略图（来源：作者根据加州高铁局网站资料改制）

瓦辛格在中国上海参观了中国高铁虹桥站（原拟乘高铁到苏州，但因飞机误点，时间不够，未成行）。回美后，他又邀请中方访问加州。当年年底，2010 年 12 月 2 日，中国高铁考察团应邀到达萨克拉门托，受到施瓦辛格的热情接见，并与加州高铁局签署了合作谅解备忘录。但最后加州高铁到底与谁合作，并未敲定。德国、法国、日本、韩国以及意大利、西班牙的有关公司都在美国专门设了点。究竟花落谁家，我们拭目以待吧。

用一句我幼时读的课文——"光阴如流水，转瞬无踪迹"。如今，离施瓦辛格参观中国高铁已过去 4 年了，加州的州长已经换成了布朗（Edmund G. Brown Jr.，）他已经是"回锅"的州长了，上一任是 1975 年至 1983 年，这一任是 2011 年至今，已经 75 岁的他，是当今美国现任各州长中年龄最长的老大哥。所幸他对高

· 施瓦辛格参观中国高铁

这是 2010 年 9 月 12 日，时任加州州长的著名演员施瓦辛格，在上海虹桥交通枢纽参观中国高铁的"和谐号"机车。（来源：中国高速铁路网站）

铁也还热心，在他的推动下，加州的高铁又经过了这两年的"热议"。议论的关键当然是筹钱。2012 年 7 月，加州众、参两院总算议出了个结果，它们分别在 5 日和 6 日通过了高铁首期工程融资议案。首期工程将从加州中谷地区的马德拉（Madera）至贝克斯菲尔德（Bakersfield），里程约 130 英里。工程初期的资金来源就是加州选民 2008 年 11 月通过的那个 26 亿美元公债，外加联邦政府的 32 亿美元补助（其前提是必须 2013 年动工、2017 年完成首期）。但是，如今物价涨了，高铁造价也涨了，估计要涨 240 亿，即从 420 亿涨到 680 亿美元。联邦的补助就算真给，也还差得远。议员先生们想出的"高招"是继续发行债券，以及动员地方政府、私人和私人企业投资，并决定 2013 年动工，以便拿到联邦的资助。布朗州长也曾于 2013 年 4 月与中国铁道部官员探讨这一项目。

2013 年 10 月 20 日，加州高铁真的破土动工了，地点选在加州中部城市佛雷斯诺（它排行加州第 5 大城市，1885 年建市。早在 1872 年中央太平洋铁路修建到此之时，许多华人移民就已来到这里。他们居住的地方被称为"China Alley"，译为"中国小巷"。而如今的高铁线路就将由此遗址通过，据称施工单工在挖掘时都很小心，希望能找到一些宝贝），首段先修 30 英里（48 千米）。可是，到了 2013 年 11 月 25 日，事情又生波折——萨克拉门托县高等法院法官肯尼（Michael Kenny）宣判：暂停加州高铁债券发售。一年后，2014 年 10 月 15 日加州最高法院终于作出裁定，不再审理加州高铁项目的上诉案件，这才为这条美国首条高铁的施工扫清了障碍。据称 2015 年将实施车辆招标，除中国外德、法、加、日、韩以及西班牙的企业都兴趣甚浓，竞争必将异常激烈。真是好事多磨！

美东地区当然也不甘示弱。就在施瓦辛格出访半月之后，2010 年 9 月 28 日，全美铁路客运公司总裁博德曼（Joseph H. Boardman），就在费城市中心最大的火车站——"30 街枢纽站"的月台上，举行了一个记者招待会，向记者和围观的群众激动地宣布了他的"宏伟愿景"——在未来 30 年内，斥资 1170 亿美元，打造从首都华盛顿到马萨诸塞州波士顿的城际高铁，从而把首都华盛顿（Washington，DC）、巴尔的摩（Baltimore）、费城（Philadelphia）、纽约（New York）和波士顿（Boston）五个东部重镇紧密相连。这条线路全长500英里，时速也与加州的相当，即220英里，这样从首都华盛顿到纽约只要1.5个小时可达。用他的话来说："期望项目能在2015年动工"。【旁白：比较一下，看来还是西部比较先进，修500英里，西部"只"要10年，东部却要30年！当然，一切都还要等修完才有定论】。

美国有一个民间组织，叫做"美国高速铁路协会"（USHSR），它更加积极，搞了一个宏伟的全国高铁网设想，提出用建17000英里高铁，来振兴美国经济。他们根据全美各地的动静，画了一个图，以表达他们的热望。我将它收于书中，供读者参考。（也可用来在若干年后与实际上情况相对照）。

看来，要坐上美国高铁，应该还是好多年以后的事，再过几年发表感想也来

· 憧憬

这是美国高速铁路协会的憧憬。图中绿、橙、紫、黄四色分别代表四个年段建造的高铁。（来源：USHSR）

得及，这里就不继续讨论了。

在本节的最后我还想强调一下：想当初，美国是东部发达、西部落后。是铁路带来了东部先进的技术、发达的文化，它们在西部这方沃土上生根发芽、茁壮成长。斗转星移，现在却似乎反过来了，虽不能得出西部发达、东部落后的结论，但却可以说：西部是新技术的火车头，西部引领着美国文化。

这句话，听起来似乎有点夸大，但推敲一下也挑不出啥。

不是吗？西部生产了好莱坞大片，西部创造了迪士尼乐园；西部的牛仔在全世界驰骋，西部的博彩又让全世界发傻；西部的沙子造出了电脑，又用网络让全球紧密相连。别以为它们是风马牛不相及，它们之间的关系嘛，其实很大！

这里，让我们来看两部好莱坞大片，也可窥视到一点奥妙。

话说 2010 年春天热闹非凡，电影《阿凡达》在全球同步上演，盛况空前。不得了，惹祸了，有的地方半夜排队，有的地方又提出禁演。其实，它真的那么好看？不就是一番打闹？可是，它的确让男女老少都觉得新鲜。为什么？"3D"才是关键！

按说，立体电影也已吵嚷多年，戴上眼镜观看电影也不算新鲜，但为什么一直流行不起来？因为时机不成熟。什么"时"？什么"机"？时间的时，机械的机。阿凡达精彩的剧情，加上 21 世纪崭新的科技，再加上 21 世纪人们追求的时尚，一拍即合。观众高兴了，票房高涨了，"3D"也走红了。君不见，阿凡达的热潮已成往事，而"3D"的热潮却正在兴起。

再来看一部老片——《玩具总动员》，距它上映十几年过去了。可是，2009年它又博得了头名，媒体的民调显示，在诸多动画大片中，它仍是人们"最爱看的动画片"之一。为什么？不外乎剧情生动，手法新颖。这可是苹果大佬乔布斯的翻身之作。想当初，乔布斯被自己创办的公司炒了鱿鱼，一怒之下卖掉苹果全部股票（据说只留了一股），买下皮克斯动画制作室，潜心搞电脑动画，把大大小小的玩具动员起来，去为他打了一场翻身仗。结果使他既成了迪士尼大佬，又夺回了失去的政权。你看，往后这些年的乔布斯多么神气——引领时尚、一路风光。

好了，这里举的例子只不过是说，好莱坞也好、迪士尼也罢，要拍受欢迎的大片，离不了现代科技的包装。且不说电影、电视本身就是电子科技的技术创新，就说演电影吧，我提出一个问题：如果把高技术的特技手法去掉，请问好莱坞的日子还有多妙？

不信你到洛杉矶去看看，不用进真片场，只需买一张票，进一趟"环球影城"，一切就都明白了。好莱坞是什么？就是一支用现代科技武装到牙齿的文艺大军。再买一张票，逛一下"迪士尼乐园"，又一切都清楚了。迪士尼是什么？就是一个用现代科技全面包装的欢乐世界。

至于高技术的创新，说硅谷首屈一指，不会有多少人不服气。既然如此，那就让我们继续讲西部和硅谷那些曾经发生的动人故事吧。下面请看《硅谷启示录·2：怦然心动》。

后记

中秋之夜，皓月当空。

举头望明月，低头思故乡。

我的故乡在哪里？

在中国，在四川，

在成都，也在心里。

其实，我在故乡四川，论长住，总共只不过 10 年——最初是从 1937 年春出生至 1943 年冬，然后是从 1949 年冬至 1952 年冬。可是，那却是父慈母爱、共享天伦的 10 年，是青梅竹马、两小无猜的 10 年，也是硝烟滚滚、地覆天翻的 10 年。后来，虽然也曾有几次回到过四川，但只是来去匆匆的过客。最长的一次，是 1962 年，因任教的大学迁移，在重庆的林园度过了一年美好的时光。不过，现在重庆和四川却已"分家"了（真不知道应当庆贺还是感到遗憾）。

故乡啊，故乡！为我留下过多少难忘的芬芳……

我记得老家房前的楠木林，也记得屋后翠竹成林的小径；我记得犀浦镇中山室的圆桌小凳，也记得桂府中张大千的水月观音；我曾在少城公园的纪念碑下呐喊，也曾在华西后坝的幼幼桥头沉思；我曾在武侯祠品味三国，也曾在草堂吟诵

· 中秋抒怀

月亮，有缺有圆，在天上；亲人，有聚有散，在人间；

回忆，没长没短，在故乡；思念，没完没了，在心头。

（来源：2011 年中秋作者摄于山景城寓所前）

过唐诗；我曾在长顺街头转过糖饼，也曾在青羊宫前买过面人；我欣赏洞子口的凉粉和陈麻婆的豆腐，也欣赏小馆中的甜水面和小贩篮里的大头菜夹锅盔；我回味为哥哥姐姐传递情书时的天真，也回味与同学切磋习题时的执着……

我记得，母亲教我背的第一首诗就是："床前明月光，疑是地上霜……"我也记得，我跟着父亲唱的第一首歌就是："起来，不愿做奴隶的人们，把我们的血肉铸成我们新的长城……"一路唱下来，一直到把这首《义勇军进行曲》唱成了《国歌》，我的童年也就结束了。

又过了两年，我就离开了成都、离开了故乡。本以为只是暂时的告别，终究会回去；但却未曾想到，居然越离越远，远到大洋彼岸来了。来到了美国的硅谷的发源地——山景城，而且一住就是20多年。那么，我为什么对山景城如此眷恋呢？

首先，是因为它能呼唤起我童年的回忆、故乡的情思……

它有许多地方"长"得像我脑海里的故乡。这里同故乡一样，有竹林清风，也有小桥流水；有长在院子里的橘子、橙子、柚子树，也有开在庭院中的菊花、桂花、蜡梅花；清晨，喜鹊在枝头抒情，松鼠在草地欢跳；傍晚，屋檐下有燕子归来，大树上有老鸹期待；特别是如今寓所旁，那高耸而笔直的红杉林，使我有儿时站在老家房前楠木林中的意境……

当然，喜欢这里不仅是它有类似故乡的景色，还有它的文化氛围，特别是山景城市中心的卡斯楚街上的中国气息。可以这样说，在整个湾区，除了旧金山的中国城中的那几条街外，没有那个城市的主街有那么多的挂着中国招牌的店铺，而且还曾集中了那么多川菜馆，你听听——天府、汉金、四川园、天辣子、香辣轩。在大洋彼岸吃着川菜、听着蜀音，再加上我们到此不久，就遇上山景城一年一度的庆祝中国农历新年游行，长长的龙灯、热烈的舞狮、欢快的鞭炮和震天的锣鼓声，还有扭着秧歌的青年、舞着霸王鞭的儿童、打着少林拳的武生和踩着高跷的男女，再加上街边摆的风车和剪纸摊……哪一样不显露着浓浓的乡情！

这里与中国国内的贺年民俗游行又有一个最大的不同，就是外国人的参与和多元文化的融合。在游行队伍中，不仅有众多同样过春节的亚裔（朝鲜人、越南人、菲律宾人、泰国人……）参与，而且还有不少美国人（白人、黑人）以及墨西哥人和在这里的其他外国侨民参加。看见他们"打着洋鼓、吹着洋号、舞着花枪"行进在游行队伍之中，听着他们同中国人一起欢笑、一起高喊"新年吉祥"之时，怎能不唤起更强烈的共鸣？

在 20 世纪 80 年代末、90 年代初的旧金山湾区，除了旧金山的唐人街，你还只有在山景城，能看到这样热闹的场面。正是它，带头在硅谷刮起了中国风。如今，其他城市已接过这接力棒，让中国元素在整个旧金山湾区开花结果。一些城市不仅举办春节游行，也办中秋游园会。甚至 2013 年元旦前后，连美国味极浓的"大美国乐园"（Great America，这是硅谷地区类似"迪士尼乐园"的地方，离山景城十几分钟车程）也举办了极具中国特色的灯会，请来了被誉为"天下第一灯"的四川自贡市的灯会专家来此举办（我母亲 1904 年就出生在那个当年叫"自流井"的"熊家花园"）。

再有，就是它的科学底蕴了，这也是本书的主题。也就是说，我写山景城，不仅是因为我对它有一种由故乡和童年诱发的眷恋，而且还有专业情结的驱使。我的专业就是信息技术，我为它献出了一生。而山景城正是信息产业风云际会的"圣地"，它有那么多精彩的故事，值得去说、去写、去颂扬……

本书的策划编辑杨虚杰曾经问我："为什么在《硅谷启示录》中要以肖克利的事迹作为红线？"

我回答说："除了浓郁的 IT（信息技术）情结外，就是童年的呼唤。"

具体说来，不仅是因为肖克利在山景城洒下了创新的种子、引领了硅谷的微电子产业、让世界迈入了一个新时代，而且是因为他的一生牵扯到的人和事是那么丰富，反映了美国那个时代的方方面面，让我行文之时，可以放开疆绳、任意驰骋。这是大的方面。

另外，还有我个人方面的原因。那就是，我的童年经历与他有很多相似之处，而这也引起了我的兴趣和共鸣。怎么说呢？比如，他8岁前没有进学校、而是双亲施教，而我8岁前也是如此；还有，他上学后进了一所类似军校的学校，在那种特殊的环境中磨炼，而我也是与之相似。你看巧不巧。

这种相似，并非出于父母的安排、本人的心愿，而是时代的驱使，或者说"命运"使然。现在，就让我拾起几个碎片，来与读者谈谈。

1937年，我出生在成都这个平和宁静的古城，她宁静得能清晰地听到，3月6日凌晨那个婴儿的洪亮的初啼。

于是，父母给我取了一个非同一般的名字：甘本祓。甘，当然是我家的姓；本，则代表我的辈分；而祓，却十分特殊，使我在这个世界上孤独地找不到一个同名伙伴（至少快80岁了还未发现）。而且，很多人不识此字（遗憾的是甚至包括个别语文老师）。"秀才认字认半边"，人们常将"祓"读作挺拔的"拔"或朋友的"友"，几乎没有人读成幸福的"福"。其实，它不但与"福"同音，而且近乎同义。只是因为在那个动荡的年头，慈祥的父母要为他们的宝贝儿子除灾祛邪、祷告祈福，于是精心地选中了这个虔诚的名字。

我的父亲甘明志，当时在成都黄埔军校工作，职务为主任秘书，军衔

· 全家福
这是1937年春慈母怀中的我和父亲、哥哥合影。

为中校。

【链接：黄埔军校成都分校，是于 1935 年秋蒋介石委派黄埔军校教育处长李明灏来蓉筹办，并任主任(黄埔的分校负责人不称校长，均称主任。校长只有一人——蒋介石)。该校于 1935 年 11 月 1 日正式成立。1937 年"七七事变"后，南京中央军校于南京沦陷前迁蓉，并将该分校并入。也就是说，成都这里就成了黄埔军校总校，直至 1949 年，它都在这里。在四川一共毕业了 12 期学员，这是黄埔军校历史上时间最长、学员最多的校址】。

然而，仅仅 4 个月之后，"七七事变"爆发，新生的我同我们古老的国家一起，坠入了日寇强加给我们的苦难，中国进入全面抗战。

在我 6 岁多的时候，父亲请缨赴抗日前线，在湖北老河口第五战区司令部任上校督察员。母亲熊文潜，本来是小学校长，但她的学校在日寇对成都的大轰炸中化为灰烬。于是，我就同母亲成了随军家属。我还有个哥哥甘本佑，比我大 6 岁，当时刚上中学。他所在的学校，是父亲的好友、川军将领孙震办的"树德中学"。所以，哥哥留在成都后方上学。而我因年幼，就跟着母亲与父亲一起奔赴抗日前线，开始了马背上的军中生活，哪里会有安定的上学机会。于是，我就成了熊校长(我的母亲)唯一的学生，一直到日本投降。

抗战胜利后，父亲上调至南京总统府任职，我们家也就迁到了南京，住在汉中路。那时，我已 8 岁多，生活也安定了，父母决定让我正式上学。于是，我插班进了离家不远的"罗廊巷小学"。入校后，与肖克利的遭遇也十分类似，我这个纯家庭教育出来的孩子，一不合群，二跟不上进度，熊校长的评语是"成绩不理想，表现不风光"。其实，论成绩，我的语文、算术在班上还是拔尖的；但其他科，由于从未正式学过，当然有些跟不上。论表现(那时叫操行)，主要是老师嫌我这个无上学"经验"的插班生课上(对老师)无拘无束，课下(对同学)动手动脚。当然，并非经常如此，但总有被老师"抓住辫子"的时候。这让我很不服气，而熊校长也很不以为然。当然，她不会苛求自己的宝贝儿子，而是埋怨学校教导无方。于是她想给我换个学校。不久，她如愿以偿。

我换到一所准军事性质的学校，它的名字很特殊，名为"国民革命军遗族学校"。该校校长就更特别，是当时的"第一夫人"宋美龄。校址在南京中山陵园内的四方城旁，校舍精良、环境幽美，学生则是国军阵亡将领的子弟，全部住校，管理严格、条件优裕。

这就怪了，我的父亲虽在军中、但依然健在，我怎么就进了"遗族学校"呢？这里也有一个特别的故事。

我父亲的婶母，名叫万月华，早年丧夫，膝下只有一个独子，名叫甘达昌（我父亲本名叫甘炳昌，字明志，参加国民革命后，就一直用甘明志这个名字）。受我父亲的影响达昌也参了军，却不幸在战争中阵亡。我父亲觉得很对不起婶母，

· 惜别留念

这是 1943 年我随父母赴抗日前线前与哥哥和祖母（万月华）的合影。

因此一直将她奉养在我家，并向她表示：如果有了次子，定过继给她为孙，以传承达昌的香火。于是，在我1岁时，就正式给"婆婆"磕了头，算是"认祖归宗"。许多年后，我结了婚，也接她来与我们同住。我的女儿甘露、甘雯，都叫她"祖祖"，与她一起度过了十几年的温馨时光，直到她老人家去世。

有了这个背景，我也可算是个国民革命军的"遗族"子弟了。但是，国军的阵亡将士，成千上万，并不是人人的子弟都有机会上这所特殊学校的。正好，当时我父亲是在总统府工作，任国防部副官局办公室主任，军衔为少将。这一特殊职务，使他不仅能见到"蒋总统"，也能见到"蒋夫人"，算是"近水楼台先得月"吧。于是，我就有机会从熊校长的高徒，变成了宋校长的学生。

至于要问我对宋校长（在学校，同学们不叫她"宋校长"，而叫"蒋妈妈"）的印象如何？印象最深的就是她是一个虔诚的基督教徒。她除了要求每星期一上第一堂课时，老师一定要先带领我们读一段《圣经》之外，每个周末，又总是要我们去礼堂做礼拜。而我们这些孩子最感兴趣的却是，她每次都站在礼堂门口给我们散发像贺年片一样的画片。

对于我这样一个从小就在军营中生活的男孩来说，这所类似军校、管教严格的学校，也许正适合我。从此，我再也没有"无拘无拘、动手动脚"了，而是开始了正规的学习生活。

过了许多年之后，回忆那段时光，最难忘的却是紫金山园区那漫山遍野的雪松，当南京满城的梧桐叶子都落光了的时候，它们仍然是那么青翠；是晚上与同学手牵手站在山坡上仰望星空、幻想未来；是课堂上那些老师对我作的科学启蒙，以及在学校的奶牛场、农场和实验室里的实习课。这些，在我幼小的心灵中种下了科学和实践的种子以及科技救国的决心。它们无形中都潜移默化地影响了我以后的学习生涯，并鞭策我踏上高科技的征途……

"故乡"和"童年"，这是最能拨动人心弦的两个词汇。正是它们，牵动了我的缕缕情丝；而山景城和肖克利，又给了我写作的流畅意境。正是有了这些，才使我能有这部书献给读者。可能它并不尽如人意，但我真的是用心在写。如今，年逾古稀的我，带着对童年的怀念、回味着故乡的芬芳，仰望着他乡的明月，我奢望：

　　用一支秃笔去拨动尘封的历史，

　　用一丝笑容去抹掉岁月的沧桑……

甘本祓

2014 年 11 月 30 日

于美国硅谷山景城寓所

图书在版编目（CIP）数据

硅谷启示录. 1, 惊世狂潮 / 甘本袚著. ——北京 : 科学普及出版社, 2015.7
ISBN 978-7-110-08935-4

Ⅰ. ①硅… Ⅱ. ①甘… Ⅲ. ①科学家 – 生平事迹 – 美国 – 现代 Ⅳ. ①K837.126.1

中国版本图书馆CIP数据核字(2015)第104381号

策划编辑	杨虚杰
责任编辑	胡 怡　鞠　强
装帧创意	林海波
内文排版	关　营
责任校对	何士如
责任印制	马宇晨

出版发行　科学普及出版社
地　　址　北京市海淀区中关村南大街16号
邮　　编　100081
发行电话　010-62173865
传　　真　010-62179148
投稿电话　010-62103136
网　　址　http://www.cspbooks.com.cn

开　　本　720mm×1000mm　1/16
字　　数　180千字
印　　张　15
版　　次　2015年7月第1版
印　　次　2015年7月第1次印刷
印　　刷　北京金彩印刷有限公司
纸　　商　北京蓝碧源纸业有限公司

书　　号　ISBN 978-7-110-08935-4/K・134
定　　价　48.00元

（凡购买本社图书，如有缺页、倒页、脱页者，本社发行部负责调换）